SCIENCE ET RELIGION
Études pour le temps présent

LES ERREURS DU PROTESTANTISME

Luthériens et Grecs-Orthodoxes

PAR

D. PAUL RENAUDIN, O. S. B.

PARIS
LIBRAIRIE BLOUD & Cⁱᵉ
4, RUE MADAME ET RUE DE RENNES, 59

1903

SCIENCE ET RELIGION

Études pour le temps présent. — Prix : 0 fr. 60 le vol.

— **L'Apologétique historique au XIXe siècle. La Critique
religieuse de Renan, etc.**, par l'abbé Ch. DENIS.   1 vol.
— **Nature et Histoire de la liberté de conscience**, par l'abbé
NET.   1 vol.
— **L'Animal raisonnable et l'Animal tout court**, par C. de
KWAN.   1 vol.
— **La Conception catholique de l'Enfer**, par l'abbé BRÉMOND, 1 vol.
— **L'Attitude du catholique devant la Science**, par G. FON-
JRIVE.   1 vol.
— *Du même auteur :* **Le Catholicisme et la Religion de
Esprit.**   1 vol.
— **Du Doute à la Foi**, par le R. P. TOURNEBIZE, S. J.   1 vol.
— *Du même auteur :* **Opinions du jour sur les peines d'outre-
mbe.**   1 vol.
— **La Synagogue moderne, sa doctrine et son culte**, par A. F.
UBIN.   1 vol.
— *Du même auteur :* **Le Talmud et la Synagogue moderne**, 1 vol.
— **Évolution et Immutabilité de la doctrine religieuse dans
Égl.se**, par M. PRUNIER, supérieur de grand séminaire.   1 vol.
— **La Religion spirite, son dogme, sa morale et ses pratiques**, par
BERTRAND.   1 vol.
— *Du même auteur :* **L'Occultisme ancien et moderne.**   1 vol.
— **L'Hypnotisme franc et l'Hypnotisme vrai**, par le Docteur
ELOT.   1 vol.
— **L'Église et le Travail manuel**, par l'abbé SABATIER,   1 vol.
— **Unité de l'espèce humaine**, *prouvée par la similarité des con-
ptions et des créations de l'homme*, p. le marquis de NADAILLAC. 1 vol.
— *Du même auteur :* **L'Homme et le Singe.**   2 vol.
— **Le Socialisme contemporain et la Propriété**, par M. G.
RDANT.   1 vol.
— **Pourquoi le Roman à la mode est-il immoral et pourquoi
Roman moral n'est-il pas à la mode ?** p. G. d'AZAMBUJA.   1 vol.
— **Comment se sont formés les Évangiles ?** par le P. Th. CALMES,
rofesseur au grand séminaire de Rouen.   1 vol.
— **L'Impôt et les Théologiens**, *Étude philosophique, morale et
onomique*, par le comte de VORGES, ancien ministre plénipotentiaire,
iembre de l'Académie de Saint-Thomas, etc., etc.   1 vol.
— *Du même auteur :* **Les Ressorts de la Volonté et le libre
rbitre.**   1 vol.
— **Nécessité mathématique de l'existence de Dieu.** *Expli-
ations. — Opinions, Démonstrations*, par René de CLÉRÉ.   1 vol.
— **Saint Thomas et la Question juive**, par Simon DEPLOIGE, pro-
sseur de l'Université Catholique de Louvain.   1 vol.
— **Premiers principes de Sociologie Catholique**, par l'abbé
AUDET.   1 vol.
— **La Patrie**, — *Aperçu philosophique et historique*, par J. M. VILLE-
RANCHE.   1 vol.
— **Le Déluge de Noé et les races Prédiluviennes**, par C. de
KIRWAN.   2 vol.
— **La Saint-Barthélemy**, par Henri HELLO.   1 vol.
— **L'Esprit et la Chair.** *Philosophie des macérations*, par Henri
LASSERRE, auteur de *Notre-Dame de Lourdes*, etc., etc.   1 vol.

— Le Levier d'Archimède ou la Mécanique céleste et le Céleste mécanicien, par le R. P. OLTOLAN. 2 vol

— Ce que le Christianisme a fait pour la femme, par G. d'AZAMBUJA. 1 vol.

— L'Hypnotisme et la Stigmatisation, par le Dr IMBERT-GOURBEYRE. 1 vol.

— L'Education chrétienne de la Démocratie, *essai d'apologétique sociale*, par CH. CALIPPE. 1 vol

— La Religion catholique peut-elle être une science ? par l'abbé G. FRÉMONT. 1 vol

— *Du même auteur :* Que l'Orgueil de l'Esprit est le grand écueil de la Foi, *Théodore Jouffroy, Lamennais, Ernest Renan.* 1 vol

— La Révélation devant la Raison, par F. VERDIER, supérieur Grand Séminaire. 1 v

— Confréries musulmanes. — *Histoire, Discipline, Hiérarchie,* par le R. P. PETIT. 1 vol

— Pratique de la Liberté de conscience dans nos Sociét contemporaines, par l'abbé CANET 1 vol.

— Comment peut finir l'univers, d'après la science, par C. de KIRWAN. 1 vol.

— Les Théories modernes de la criminalité, par le Docteur DELASSUS. 1 vol.

— Faillite du matérialisme par Pierre COUBBET, 3 vol. *se vendant séparément :*
  I. — *Historique* 1 vol.
  II. — *Discussion ; l'atome et le mouvement.* 1 vol
  III. — *Discussion ; l'éther, les gaz, l'attraction. Conclusion. — Appendice.* 1 vol.

— Le Globe terrestre, par A. DE LAPPARENT Membre de l'Institut, professeur à l'Ecole libre des Hautes Etudes, 3 vol. *se vendant séparément.*
  I. — *la Formation de l'écorce terrestre.* 1 vol.
  II. — *La nature des mouvements de l'écorce terrestre.* 1 vol.
  III. — *La Destinée de la terre ferme et la Durée des temps,* 1 vol.

— De la Connaissance du Beau, *sa définition, application de cette définition aux beautés de la nature,* par l'abbé GABORIT, archiprêtre de la Cathédrale de Nantes. 1 vol.

— Le Diable dans l'Hypnotisme, par le docteur Ch. HÉLOT. 1 vol.

— De la Prospérité comparée des nations protestantes et des nations catholiques, *au point de vue économique, moral, social,* par le R. P. FLAMÉRION, S. J. 1 vol.

— L'Art et la Morale, par le P. SERTILLANGES, dominicain, docteur en théologie. 1 vol.

— La Sorcellerie, par I. BERTRAND. 1 vol.

— Qu'est-ce que l'Ecriture sainte ? *Les Livres inspirés dans l'antiquité chrétienne ; Théorie de l'inspiration,* p. le P. Th. CALMES. 1 vol.

— Les Morts reviennent-ils ? par I. BERTRAND. 1 vol.

(*Demander la liste* complète *des volumes* Science et Religion, *parus à ce jour*).

SAINT-AMAND (CHER). — IMPRIMERIE BUSSIÈRE

SCIENCE ET RELIGION
Études pour le temps présent

LES ERREURS DU PROTESTANTISME

Luthériens et Grecs-Orthodoxes

PAR

D. PAUL RENAUDIN, O. S. B.

PARIS

LIBRAIRIE BLOUD & Cⁱᵉ

4, RUE MADAME ET RUE DE RENNES, 59

1903

LUTHÉRIENS ET GRECS-ORTHODOXES

AVANT-PROPOS

Le protestantisme a donné lieu à de nombreuses études, différentes par le caractère et la valeur. Depuis l'époque même de son origine, on lui a opposé maintes réfutations, qui ne sont pas toutes restées dans le cercle relativement peu nombreux des théologiens, et dont plusieurs constituent de véritables apologies du dogme chrétien, destinées à toute la communauté des croyants. Elles ont produit le plus grand bien pour la défense de la foi; ce n'est point ici le lieu de les énumérer, ni de faire ressortir leurs mérites. Il ne resterait donc, semble-t-il, qu'à vulgariser davantage ces œuvres magistrales, après les avoir mises au point et opposées aux objections que le protestantisme contemporain élève contre les plus importantes et les plus fondamentales doctrines de la tradition révélée.

Et pourtant, tout n'a pas encore été dit, au moins à ceux qui forment vraiment le public, sur le compte du protestantisme. Qui sait les tentatives qu'il a faites, au lendemain même de son apparition, pour s'unir aux Orientaux séparés de l'Eglise romaine, spécialement aux Grecs de Constantinople? Les théologiens sans aucun doute; mais peut-être eux-mêmes n'ont-ils pas eu tous la facilité de connaître exactement la réponse, ou mieux, les réponses faites par le chef de l'Eglise orthodoxe aux avances des Réformés? Les recueils où elles se trouvent, sont rares; un bien petit nombre peut les consulter, de sorte que l'enseignement dogmatique, opposé par le patriarche grec aux théories protestantes, demeure inutile, ou ne porte pas tous les fruits qu'on doit en attendre.

Le présent travail a pour but de combler cette lacune, sans prétendre épuiser la matière; il donne, avec la série des événements, la pensée même des personnages, qui prirent part aux négociations, et le plus souvent possible, leurs propres paroles, puisées aux sources les plus sûres et les plus incontestables, c'est-à-dire, à la correspondance échangée entre Tubingue et Constantinople et aux documents publiés par les protestants eux-mêmes. S'il en résulte que l'opposition radicale, qui existe entre la religion grecque orthodoxe et le protestantisme, apparaît plus éclatante et aux yeux d'un plus grand nombre, ce sera par la force même des choses, à la nature desquelles on ne peut rien changer. Car on s'est borné, dans ce modeste ouvrage, à produire des témoins; en réalité, ici l'auteur n'expose pas ses idées personnelles. Ceux qui parlent, ce sont les orthodoxes grecs, par la bouche de leur patriarche; et leur témoignage n'est pas en faveur des dogmes luthériens.

Un pareil sujet se prêterait à des développements considérables. Pour qu'on ne se méprenne pas sur le caractère de la présente étude, il faut dire qu'elle n'est ni une comparaison des deux symboles, grec et luthérien, — ni une histoire des relations des protestants avec l'Eglise grecque, — ni une réfuta-

tion du protestantisme, basée sur la croyance de
Constantinople. On a seulement voulu, en se bornant aux Luthériens, rappeler les négociations des
protestants avec le Phanar en vue de s'unir à
l'Eglise grecque, et donner les réponses officielles
faites par les orthodoxes aux apôtres de la Réforme.
Tout ce qui ne se rattachait pas directement à cet
ordre d'idées, n'avait donc pas place en ces pages et
a été écarté. Il reste encore assez de matière pour
qu'on puisse tirer des conclusions fermes de cet
épisode, peu connu, de l'histoire du protestantisme
naissant, et de la leçon de théologie donnée par le
patriarche grec aux disciples de Luther.

CHAPITRE I

PRÉPARATION ET CONTRETEMPS

La pensée de s'unir aux Églises dissidentes de l'Orient apparaît à l'origine même du protestantisme. Pour répondre aux catholiques qui leur opposaient l'universalité successive et simultanée de l'Église romaine, comme une démonstration frappante de sa mission divine, les disciples de Luther, nés de la veille, prétendaient trouver des ancêtres directs dans les siècles antérieurs, et cherchaient des alliés parmi les chrétiens du Levant. C'était du même coup, vouloir échapper aux reproches des adversaires, et communiquer à la Réforme quelque chose du prestige de ces antiques églises, dont le nom seul rappelle tant de génie et de vertus.

Les Hussites, que les protestants revendiquent comme leurs précurseurs, avaient eu cette idée avant eux ; mais l'entreprise, contrariée par une opposition foncière de caractère et de doctrine, avait échoué misérablement Après avoir parcouru presque tout l'Orient, la Grèce, l'Arménie, la Palestine, l'Égypte et la Moscovie, les envoyés de Prague revinrent en Bohême assurer à leurs frères que ces chrétientés étaient toutes devenues les victimes de l'erreur et de la superstition (1).

Si l'on en croit certains récits, les Grecs firent, tout d'abord, bon accueil aux Hussites ; peut-être même faudrait-il attribuer aux théologiens du Phanar l'initiative de ce projet d'union. « Primitivement, écrivent-ils aux docteurs de l'université de Prague, nous avions entendu de fâcheux rapports sur votre compte ; on affirmait que, loin de vous opposer aux innovations de Rome, vous combattiez les antiques traditions de l'Eglise universelle ; mais nous savons que depuis quelque temps vous ressuscitez pour ainsi dire, en revenant à la religion commune des serviteurs du Christ et à la vraie piété. » La lettre porte six signatures, parmi lesquelles celles de trois évêques byzantins et de Sylvestre Syropoulos, grand dignitaire de l'Eglise de Constantinople et auteur d'une histoire du concile de Florence dirigée contre les Latins (2).

De quelque côté que furent faites les premières avances, il est certain que le succès ne répondit point à l'attente des deux partis. Les négociations durèrent peu ; quand on se connut mieux, de part et d'autre les divergences apparurent si profondes que tout espoir d'union s'évanouit bientôt. Le fractionnement des Hussites en diverses sectes, les troubles de la Bohême contribuèrent peut-être aussi à la rupture des relations ; et l'histoire n'a conservé le souvenir d'aucun rapprochement entre les grecs-orthodoxes et les disciples de Jean Hus. Les tentatives des prétendus réformés, pour s'unir aux Orientaux schismatiques, furent plus sérieuses

(1) Hottinger, *Hist. eccl. nov. Testam*, Heidelberg, 1657, t. iv, p. 29. — Id. *Topographia ecclestastica*, Heidelberg, 1660, p. 15. — Camerarius, cité par Bossuet. *Histoire des variations des églises protestantes*, l. n, 11, 177.
(2) Schlestrate, *Acta orientalis ecclesiæ contra Lutheri hæresim*, Romæ, 1739, diss. 2, c. 1, p. 69, 70.

et plus persévérantes. Des discussions auxquelles elles donnèrent lieu, des témoignages réciproques fournis par les orthodoxes et les protestants, se dégage une leçon que la théologie et l'histoire doivent précisément enregistrer.

§ II

Trente années environ, après la diète d'Augsbourg (1559), le patriarche de Constantinople, Joseph II, chargeait le diacre Démétrius Mysos de visiter les églises réformées. Malgré l'état d'isolement, où la tyrannie des nouveaux maîtres de Byzance réduisait l'Eglise grecque, le bruit des querelles religieuses de l'Allemagne était parvenu aux oreilles du patriarche, mais les tendances des des réformateurs lui échappaient. Quelles que fussent les intentions de Joseph, en confiant cette mission à Démétrius, le diacre grec demeura six mois à Wittemberg, où les théologiens protestants, livrés aux fantaisies du libre examen et aux ardeurs de la lutte contre le catholicisme, entretenaient une perpétuelle effervescence qui contrastait singulièrement avec l'immobilité de l'Eglise orthodoxe. Il put voir combien était radicale l'opposition qui existe entre les principes mêmes du protestantisme, et les croyances fondamentales de son Eglise.

Accoutumé aux formes amples des antiques liturgies, que l'Orient a soigneusement conservées, il dut être, pour le moins, étonné de voir les rites froids du culte luthérien, d'où étaient bannis les honneurs rendus aux images et aux reliques des saints, si chères aux orthodoxes. Un seul point le rapprochait des partisans de Luther : l'aversion commune pour l'ancienne Rome. Il prit le temps de tout examiner, visitant les principaux docteurs, leur parlant de l'état des églises en Asie, mais sans faire aucune avance. Là se bornait son rôle ; il le remplit parfaitement,

et le patriarche eut lieu de s'applaudir d'avoir choisi
pour une si délicate mission ce grave vieillard, dont
les réformateurs parlent avec éloges, quoiqu'il ne
semble pas avoir été favorable à leurs entreprises.

Quand, après un séjour de six mois à Wittemberg,
le diacre songea à regagner Constantinople, un des
plus savants et des plus habiles théologiens de la
foi nouvelle, Philippe Schwarzerde, plus connu sous
le nom grécisé de Mélanchthon, lui remit un exem-
plaire de la confession d'Augsbourg traduite en
grec, avec une lettre destinée au patriarche et
conçue en termes habiles. Mélanchthon se réjouit
de ce que Dieu a conservé son Eglise malgré la
fureur de ses ennemis, et de ce que Jésus-Christ est
adoré et invoqué selon toute justice parmi les orthodoxes. « Quant à nous, dit-il, nous gardons reli-
gieusement les Saintes Ecritures, tant celles des
Prophètes que des Apôtres ; nous suivons les défini-
tions des saints Conciles touchant le dogme, et nous
restons attachés à la doctrine des Pères, Irénée, Athanase, Basile, Grégoire, Epiphane, Théodoret, et des
autres qui sont d'accord avec eux. D'autre part, nous
réprouvons les erreurs de Paul de Samosate, des Ma-
nichéens, des Mahométans et de tous ces hommes
exécrables que condamne la sainte Eglise. Selon
nous, la piété consiste dans la vraie foi et l'obéissance
aux lois divines, et non dans les superstitions et les
pratiques inventées par l'ignorance des moines latins.
Aussi, n'ajoutez pas foi aux calomnies que les ennemis de la vérité ont répandues sur notre compte (1). »

La lettre toute seule eût peut-être trompé Joseph ;
mais les articles de la confession d'Augsbourg
durent le renseigner pleinement ; et il renonça,

(1) *Epistolæ Melanchthonis*, l. 3, ep. 36. — Crusius, *Turco-
Græcia*, Bâle, 1584, l. 1 et 2. — L. Allatius, *De perpetua
ecclesiæ occidentalis atque orientalis consensione*, c. 8, n. 2. —
A. Pichler, *Geschichte des Protestantismus in der orientalis-
chen Kirch im 17 Jahrhundert*, Munich, 1862.

s'il en eut jamais la pensée, à entrer en communion
avec ces réformateurs dont les doctrines lui parais-
saient être la négation des dogmes traditionnels.
Versé dans la science ecclésiastique, il avait discerné
promptement les véritables caractères de la Réforme,
que Melanchthon lui présentait comme la plus fidèle
expression du christianisme primitif. Il laissa sans
réponse la lettre du docteur allemand ; et ce silence,
qui équivalait à un refus, blessa vivement la fierté
des protestants. Quelques années plus tard (1565),
une assemblée de prélats grecs réunis à Constantinople condamnait Joseph à la peine de la déposi-
tion, pour cause de simonie, à juste titre, s'il faut en
croire certains auteurs ; par jalousie, si l'on ajoute
foi au récit de Théodose Zygomalas, qui loue hautement la piété et le zèle de l'infortuné patriarche (1).

§ III

Le voyage de Démétrius Mysos avait attiré l'at-
tention des luthériens sur l'Église grecque ; ils con-
çurent le projet de sceller, avec Byzance, une union,
qui leur serait avantageuse à tant d'égards. A partir
de ce moment, ils se mirent à étudier avec ardeur
les croyances et les coutumes des Orientaux, sans se
laisser décourager par les divergences profondes
que leur révélaient les affirmations dogmatiques
des orthodoxes. David Chytræus, élève de Camerarius et ami de Melanchthon, fit preuve, dans ce difficile travail, d'une grande activité, sinon d'une
parfaite indépendance de jugement.

A la suite d'un séjour à Vienne (1568), qui l'avait
mis en rapport avec quelques Grecs, il composa son
*Discours sur l'état des Églises de Grèce, d'Asie et des
autres contrées de l'Orient*, ouvrage écrit avec pas-

(1) CRUSIUS, *l. c.* p. 90. — LABBE, *Sacrosancta concilia*,
Parisiis, 1672, t. XVI, p. 783-787.

sion, et dans lequel les Grecs ne sont pas toujours
mieux traités que les Latins. On ne peut comprendre
que son désir d'arriver à une entente avec les Orientaux ne l'ait pas rendu plus circonspect. L'effet des
éloges qu'il leur prodigue, quand il trouve leurs
croyances d'accord avec les siennes, est bien vite
détruit par ses violentes diatribes contre le culte de
la sainte Vierge et des images, l'invocation des saints
et la prière solennelle. Chytræus eut le tort grave
de trop écouter son prosélytisme; ses dispositions
l'empêchèrent d'apprécier sainement les pratiques
des églises orientales et d'atteindre le but qu'il
poursuivait; au lieu de rapprocher, il éloignait par
ses accusations d'erreur et de superstition. En pou-
vait-il être autrement avec des dogmes si opposés?

« Les Grecs surtout, dit-il, ont conservé intactes
la doctrine et les observances de l'Église primitive,
comme on peut le voir dans leur liturgie et par les
relations de gens dignes de foi. Ainsi, chez eux, les
assistants communient toujours aux messes privées,
et dans le canon il n'est dit nulle part que le sacrifice du corps et du sang du Christ est offert pour la
rédemption des vivants et des morts. Prières, actions de grâces, louanges adressées à Dieu, pratique de l'aumône recommandée, tout indique un
culte spirituel. En outre, ils distribuent le sacrement aux fidèles dans son intégrité, c'est-à-dire,
sous les deux espèces, et permettent le mariage à
leurs prêtres. Mais la superstition gâte tout là-bas
comme en Occident. Toute la piété du peuple et
des prêtres consiste dans le culte de la Vierge
Marie et des images; ils ont confiance non seulement dans les prières et l'intercession des saints,
mais aussi dans leurs mérites et leur secours. On
voit chez eux des exemples de cette invocation hon-
teuse et idolâtrique dans les prières solennelles, qu'ils
font à toutes les heures (1). »

(1) Chytræus, *Oratio de statu ecclesiarum in Græcia, Asia,*

D'après cet exposé, d'une singulière portée sous la plume d'un protestant, la religion des Grecs ressemble beaucoup à celle des Latins et s'en rapproche plus que des nouveautés prêchées par Luther. Loin de l'apercevoir, Chytræus donnait libre cours à son animosité contre l'Église romaine dans l'espérance de gagner plus sûrement les Orientaux ; c'était un moyen habile, de se faire écouter, mais peu difficile à trouver et en tout cas incapable de lever les obstacles qui séparaient les Grecs orthodoxes des partisans de la confession d'Augsbourg. Néanmoins, Chytræus agit auprès de Jean III, roi de Suède, comme si l'union était possible et même déjà accomplie ; il envoya à ce prince le *Discours sur l'état des églises*, afin de combattre l'influence dont le pieux et savant Jésuite Possevin jouissait à la cour de Stockholm et qui menaçait son propre prestige.

C'est pendant son deuxième séjour en Suède (mai 1580), que Possevin écrivit à Chytræus une lettre amicale dans laquelle il relevait les erreurs contenues dans son ouvrage et lui démontrait, avec la science d'un théologien et le zèle d'un apôtre, la nécessité de revenir à l'Église romaine, seule gardienne de la foi et héritière des promesses de Jésus-Christ. Les discordes entre luthériens et calvinistes, leurs doutes communs sur les points fondamentaux de la religion lui fournissaient un argument irréfutable.

De toute rigueur, la condition des chrétiens exige qu'il n'y ait qu'une seule foi, que le nombre des sacrements soit bien déterminé et qu'il existe sur terre un tribunal chargé de décider les questions religieuses en dernier ressort ; autrement Dieu n'aurait pu assurer à son Église ni l'unité, ni la possession certaine de la vérité. Pour reconnaître en

<hr>

Africa, Bohemia, Witteberge, 1575. — Schelstrate, *l. c.*, p. 71. — Thuvier, *Cyrille Lucar*, c. 1, p. 4.

quelles mains se trouve le pouvoir de régir la société
chrétienne, il suffit de constater que le siège de
Rome, par droit de succession apostolique, jouit
des prérogatives accordées à saint Pierre lui-même.
Quant à l'état des églises orientales, Chytræus a été
mal informé, et plusieurs de ses affirmations
manquent de fondement; mais, chose remarquable,
il prouve, sans le vouloir, que la créance de l'Eglise
latine a toujours été celle des églises de Grèce,
d'Asie, d'Afrique, et que la même foi, qui n'est
point la doctrine d'un homme privé ou d'un pape
en particulier, anime l'Eglise catholique depuis les
premiers siècles du christianisme jusqu'aux temps
présents (1). Et Possevin invite en termes affec-
tueux le docteur réformé à ne pas mépriser les
appels de la miséricorde divine.

Chytræus ne voulut rien entendre. Son ouvrage,
répandu en Suède et en Pologne, contribuait beaucoup à éloigner du catholicisme les hommes les
plus influents de ces deux royaumes. Possevin
l'ayant trouvé à Varsovie, à la cour même du pieux
roi Etiénne, le réfuta dans un écrit qu'il intitula
Relectio imposturarum Davidis Chytræi (1583) et
qu'il envoya aussitôt à Jean III, roi de Suède.
Chytræus, mécontent de voir ruiner ses principales
affirmations et de sentir son influence menacée,
composa une réplique qu'il dédia au même souve-
rain. Il s'efforçait de maintenir ses attaques contre
la messe, la communion sous une seule espèce, le
célibat ecclésiastique, le purgatoire, l'invocation
des saints et le culte des images; mais il protestait
surtout n'avoir jamais eu l'intention de demander aux
Grecs orthodoxes une confirmation de la foi luthérienne.

Possevin reprit encore une fois la plume contre

(1) THEINER, *La Suède et le Saint-Siège*, trad. Cohen,
Paris, 1842, t. II, p. 172-174; t. III, p. 201-203, p. 405-
411.

Chytræus, et dévoila sans crainte les faussetés
contenues dans la réponse de son adversaire, auquel il reprochait, avec raison, d'avoir présenté
comme nouveau, au roi de Suède, un écrit vieux de
quinze ans, « Vous avez eu beau, lui dit-il, ré-
pandre vos mensonges dans les états de Jean III ;
la censure royale vous sera moins profitable encore que celle du patriarche de Constantinople ne l'a
été aux docteurs de Wittenberg et de Tubingue (1). »
Il fait ici allusion à la première tentative d'union qui
se présente à nous. Avant de la raconter, il faut
produire les sentiments des grecs orthodoxes de Venise, sur les points essentiels de la doctrine protestante.

§ IV

Les efforts des protestants pour se concilier la
faveur des Orientaux n'avaient point échappé à la
vigilance des pasteurs catholiques. Afin d'enlever aux
novateurs toute possibilité d'appuyer leurs doctrines
sur une prétendue ressemblance avec les dogmes
de l'Eglise grecque-orthodoxe, le cardinal de Guise,
dont le rôle dans les affaires religieuses de France
à cette époque est bien connu, s'adressa aux Grecs
en résidence à Venise, où ils formaient alors une
communauté puissante (2). Il leur posa douze
questions très précises, concernant la sainte Eucharistie, le culte des images, la confession, le purga
to're et autres points contestés par les disciples de
Luther et de Calvin. Comme on le pense bien, les

(1) Theiner, *l. c.*, t. III, p. 203, n, — Schelstrate, *l. c.*, p. 71-
72. Les deux ouvrages de Possevin se trouvent dans sa *Mos-
covia*, Coloniæ, 1587.
(2) Ces Grecs avaient rompu l'union avec Rome (Pisani,
*Les chrétiens de rite oriental à Venise et dans les provinces
vénitiennes*, Paris, 1896, p. 9-14). Dans le cas contraire, il
eût été inutile de faire appel à leur témoignage.

réponses ne trahissent aucune ressemblance avec
les fausses théories des Réformés, sauf pour la
communion sous les deux espèces ; elles contiennent
même une preuve éclatante de la croyance catholique.
C'est un calviniste, Jean Léunclavius, qui nous les
a traduites du grec en latin (1) ; en pareille matière,
le témoignage de cet hérétique a une valeur spéciale que personne ne saurait mettre en doute.

« Les Grecs, demande le cardinal de Guise (Quest. 1),
croient-ils que la substance du pain et du vin
soit changée au corps du Christ, de telle sorte qu'il
ne reste que les accidents, sans substance qui les
soutienne ? — Nous croyons, répondent les orthodoxes de Venise, et nous confessons que le pain est
tellement changé au corps du Christ, et le vin en son
sang, que ni le pain, ni les accidents de sa substance
ne demeurent plus, mais qu'il y a transubstantiation
des éléments (*transelemententur*) en une substance divine. Ainsi l'enseigne cet illustre docteur, saint Jean
Chrysostome, expliquant le chapitre vingt-sixième de
l'évangile de saint Matthieu : « Quand Jésus-Christ,
dit-il, prononce ces paroles : *C'est mon corps*, il
fait voir que le pain qui est consacré sur l'autel,
n'est pas une figure du corps du Seigneur, mais son
corps même ; car il n'a pas dit : *C'est la figure*,
mais : *C'est mon corps*. Par la force immuable
de Dieu, il s'opère là un changement, quoique le
pain nous paraisse subsister. Faibles comme nous
sommes, nous n'aurions pu nous résoudre à manger
de la chair humaine ; c'est pour cela que l'apparence
est celle du pain, tandis qu'en réalité c'est de la
chair (2). » Et ils rapportent encore les témoignages,
tout aussi formels, de saint Jean Damascène, de
Nicolas Cabasilas, et de la liturgie de saint Basile.

(1) Léunclavius a publié les questions du cardinal de
Guise et les réponses des Grecs à Bâle en 1571.
(2) Schelstrate, *l. c.*, p. 134, 135.

Rien ne rappelle dans cette déclaration authentique de la foi grecque, ni la *consubstantiation* enseignée par Luther, ni *l'impanation* d'Osiander, ni la *présence figurative* de Zwingle, ni la *présence de vertu* de Calvin. Pour les Grecs-orthodoxes de Venise, Notre-Seigneur est réellement présent, par lui-même et en personne, dans la Sainte Eucharistie ; ils vont même plus loin que la majorité des catholiques et nient la permanence des accidents après la consécration.

Dans cette théorie, qui n'a rien de condamnable, les espèces eucharistiques n'auraient aucune objectivité ; Dieu créerait d'autres accidents, ou bien les impressions que les accidents du pain et du vin exercent sur nos sens seraient produites par Dieu lui-même. D'anciens auteurs ont raisonné de la sorte, et les théologiens qui admettent en philosophie l'opinion de Descartes sur l'essence des corps, sont obligés d'en venir à cette explication de l'Eucharistie, puisque, d'après leur maître, il n'y a pas de distinction réelle entre la substance et les accidents, et que la triple dimension de longueur, largeur et profondeur est l'essence même des corps.

Cette opinion, qui d'ailleurs est secondaire au point de vue de la controverse avec les protestants, ne répugne pas absolument à la foi catholique (1) ; de ce chef, les Grecs de Venise ne se séparaient donc pas de l'Eglise romaine.

Les protestants refusaient à la sainte Messe le caractère de véritable sacrifice, pour ne voir en elle qu'une simple commémoration du sacrifice du Calvaire, sans valeur propitiatoire. Le cardinal de Guise demande aux Grecs : « Le Saint Sacrifice est-il en même temps eucharistique et expiatoire pour les péchés des hommes ? » (Quest. IV). Et ils répondent

______

(1) BALLUS, *De modo evidenter possibili transubstantiationis*, Papiæ, 1631.

par une longue citation de Nicolas Cabasilas, où il établit que la messe a pour but premier de rendre grâces à Dieu, sans exclure les autres effets, qu'elle peut produire, comme la rémission des péchés, l'augmentation de la grâce, une facilité plus grande d'arriver au ciel, selon les liturgies de saint Basile et de saint Jean Chrysostome.

Quant à la messe privée et aux hommages qu'ils rendent à la Sainte Eucharistie, les Grecs affirment que le « le prêtre célèbre la sainte messe, même en l'absence du peuple, mais toujours avec un ministre qui puisse répondre en certains endroits du sacrifice ; et lorsque les laïques assistent, ils se prosternent avec un religieux respect jusqu'à terre devant le Sacrement. » D'après eux, l'habitude d'invoquer les saints remonte aux premiers temps du christianisme, (Quest. VII). La pratique de la confession auriculaire, que Luther rejetait avec violence, ne pouvait manquer d'être l'objet d'une question spéciale de la part du cardinal. « C'est un sacrement institué par le Christ en vue de notre salut, disent les Grecs, et on doit y faire l'énumération des péchés, comme nous l'enseignent ces deux grandes lumières, Basile et son frère Grégoire, évêque de Nysse, et les autres docteurs qui ont suivi leur sentiment... Celui qui confesse ses péchés doit les énumérer tous avec leurs circonstances, pour que le père spirituel puisse imposer une pénitence, selon les institutions des saints Pères ». (Quest. XI).

Enfin, ils terminent en affirmant le nombre des sacrements, c'est-à-dire le Baptême, l'Onction (Confirmation), la Communion, l'Imposition des mains (Ordre), le Mariage, la Pénitence et l'Huile sainte (Extrême-Onction), « Telles sont les réponses que nous avons voulu faire à vos douze questions. C'est là ce que nous devons tous croire, et garder fidèlement, comme transmis par les hérauts du Saint-Esprit et par les Pères dirigés par Dieu lui-même. Car

Dieu parlait par leur bouche. Que personne donc ne change ce qui nous vient d'en haut, mais que tous le gardent, et l'observent avec respect (1) ». (Quest. xiii).

Les protestants ne pouvaient assurément pas découvrir dans ce langage, une affinité avec l'esprit qui animait les docteurs du libre examen. Sur un seul point, à savoir, la communion sous les deux espèces, les Grecs orthodoxes pensaient comme les luthériens; mais ce n'était là qu'une question secondaire, et ce qui vient d'être rapporté prouve suffisamment, que les deux symboles étaient inconciliables ; la suite le montrera encore davantage.

CHAPITRE II

ENTREVUES ET ESPÉRANCES.

§ I

Les variations et les disputes interminables, dans lesquelles le protestantisme dépensait inutilement ses forces, sans jamais arriver à une parfaite unité de doctrines, inquiétaient les plus clairvoyants parmi les prétendus réformés. Jacques Andreæ, chancelier de l'université de Tubingue, voulut remédier à ce mal, et chercha à établir une orthodoxie luthérienne, que les hérétiques pussent opposer sans honte à l'unité catholique. Doué du génie de l'organisation, il usa sa vie et ses talents à combattre le morcellement du parti protestant, à s'efforcer de réunir dans une confession commune les tronçons épars de la Réforme; il ambitionna même de s'en faire le propagateur en dehors de son pays natal, et s'assura dans ce but le concours d'un humaniste

(1) Schelstrate, l. c. 136-139.

bavarois, Martin Crusius, professeur à cette université de Tubingue, qui était devenue l'un des plus
ardents foyers du luthéranisme. Ils reprirent pour
leur compte les idées de Melanchthon, et tentèrent
de gagner la faveur du patriarche grec, par une
lettre dont les termes étaient habilement calculés,
avant de demander l'union qu'ils recherchaient
(1573).

Depuis le 15 mai 1572, le siège de Constantinople
était occupé par Jérémie II, celui-là même qui
devait transférer à Job, métropolite de Moscou, ses
droits patriarcaux sur la Russie; il succédait à
Métrophane III, qui avait été obligé de renoncer à
sa dignité par suite de la révolte de plusieurs prélats
qui l'accusaient de simonie. Jérémie avait à peine
quarante ans. « Il était né à Anchialo, petite bour-
gade de pêcheurs adossée aux escarpements méri-
dionaux du Balkan, sur une falaise de la mer Noire,
à l'entrée de la baie de Bourgas. La vocation ecclésiastique l'avait conduit de bonne heure chez le
métropolite de Tirnowo, théologien de grand
renom. Le haut clergé de l'Eglise grecque sortait
exclusivement, comme aujourd'hui, soit des monas-
tères, soit de cet état-major de jeunes diacres, que
l'on rencontre dans les maisons épiscopales, qui
figurent aux cérémonies solennelles, tiennent la
comptabilité du prélat et apprennent à cette école
l'administration matérielle d'un diocèse autant que
sa conduite spirituelle. Jérémie sut déployer dans ce
stage des qualités qui plurent à ses protecteurs, car
ils le désignèrent, malgré sa jeunesse, pour le siège
métropolitain de Larisse. Il se trouvait à Constantinople lors de l'élection qui lui destina le trône patriarcal (1). »

Les biographes vantent hautement sa piété, son

____

(1) E. DE VOGUÉ, *De Byzance à Moscou. Les voyages d'un
patriarche*, dans *Histoires orientales*, p. 224-226.

zèle pour la prédication, son amour de la science qui lui faisait consacrer une partie de la nuit à l'étude de la théologie, de la philosophie et de toutes les questions ecclésiastiques. Cet éloge, rapporté par le protestant Cruslus lui-même, est à retenir pour fixer plus tard la valeur du témoignage de Jérémie répondant aux apôtres de la religion luthérienne (1).

Le nouveau patriarche, très attaché aux traditions de son église, reçut non sans surprise, le 5 octobre 1573, la visite d'un ministre protestant, Étienne Gerlach, autrefois répétiteur à l'université de Tubingue, qui avait accompagné à Constantinople, en qualité de chapelain, l'ambassadeur de Maximilien II, David Ungnad. Gerlach remit au patriarche une lettre de recommandation du Chancelier de l'université de Tubingue, une autre de Martin Crusius, et un sermon, traduit en grec, d'Andreæ que Cruslus qualifiait d'évêque pour rehausser son prestige aux yeux des ortodoxes. Du projet qu'il caressait, Crusius ne disait pas un mot et se contentait d'affirmer en termes généraux que la foi des Wurtembergeois est conforme à la doctrine du Christ, le Sauveur unique, et à la tradition des Apôtres. Il valait mieux laisser à Gerlach le soin de renseigner Jérémie sur les croyances des protestants; ce qu'il saurait faire au moment voulu, de manière à préparer le patriarche aux dernières révélations.

§ II

Le ministre luthérien, porteur du message, arriva à Constantinople au mois d'août 1573. Il se rendit immédiatement au Phanar, où le patriarche l'accueillit avec bienveillance et promit de répondre aux

____

(1) CRUSIUS, *Turco Græcia*, l. 2., p. 170. — SCHELSTRATE, l. c, p. 75. — *Historia chronologica patriarcharum Constantinopolitanorum* dans *Acta SS. Bolland*, August. t. I, p. 231.

lettres qui lui étaient adressées. Neuf mois se passèrent dans une attente pénible pour nos docteurs. Jérémie, occupé par la visite de ses églises, ne trouvait pas le moyen de tenir ses engagements ; c'est du moins le motif qu'il donne de son retard, d'où la prudence n'était pas absente. Mais les professeurs de Tubingue perdaient patience. Le 15 septembre 1574, Andreœ et Cruslus écrivirent de nouveau au patriarche et lui envoyèrent un résumé de la foi luthérienne, qui n'était autre chose que la confession d'Augsbourg traduite en grec. Ils lui demandaient de leur faire connaître son sentiment sur les divers chapitres qu'e'le contenait.

Jérémie, toujours absent de Constantinople, dicta à son secrétaire une réponse dont les termes vagues et généraux cachaient une leçon discrète à l'adresse des protestants. Le prélat remerciait les deux docteurs de l'hommage qu'ils avaient rendu à la foi des orthodoxes, et les exhortait à garder avec soin le dépôt de l'enseignement écrit et traditionnel. La légitimité du pouvoir ecclésiastique qui a sa source en Jésus-Christ, premier pasteur et médiateur entre Dieu et les hommes, la nécessité des bonnes œuvres accompagnant une foi sincère, l'obligation de rester fidèle à la doctrine révélée que nous ont transmise les Apôtres et que les Saints Pères et les conciles ont prêchée de tant de manières, le devoir de maintenir en soi-même le royaume des cieux, c'est-à-dire, la véritable croyance, tout cela est affirmé avec une modération et une netteté, qui durent causer un certain embarras aux théologiens de Tubingue

« Tous ceux, dit le patriarche, qui gouvernent le bercail spirituel des chrétiens en qualité de disciples du Christ et imitent ses exemples, accomplissent ses prétextes et deviennent riches en bonnes œuvres... Que le Seigneur Dieu, vrai prince des pasteurs, daigne vous accorder par sa grâce d'être fidèles à notre foi immaculée, de ne vous en écarter jamais et de ne pas vous laisser aller aux nouveautés ; qu'il vous préserve de vous éloigner des enseignements divins que nous ont donnés notre Sauveur Jésus-Christ, les Apôtres, les sept saints conciles et les Saints Pères qui ont brillé par la vertu et les miracles ; qu'il vous accorde de garder tout ce que l'Eglise du Christ reçoit comme lui ayant été transmis par la tradition écrite ou orale. Le royaume de Dieu ici-bas consiste dans la connaissance vraie de la Divinité et dans une vie céleste qui ne laisse pas les passions dominer la conduite ; car le Seigneur a dit : Celui qui m'écoute et croit à celui qui m'a envoyé a la vie éternelle. Vous le voyez : il dit : Celui-là a, et non pas : aura. Ceux qui tombent peuvent se relever par la pénitence et par l'obéissance aux préceptes de l'Eglise du Christ. Au reste, nous prions le Christ, notre Dieu, de ne point permettre que vous reconnaissiez un fondement de la foi, autre que celui qui a été posé et qui est la pierre angulaire, c'est-à-dire le Christ, la vérité même ; ni que vous écoutiez la voix sans autorité de ceux qui cherchent à introduire des nouveautés et qui n'entrent point par la porte de l'Evangile, ni par la doctrine des Saints Pères et de nos divins docteurs. Et nous demandons pour vous la grâce d'obéir à Notre-Seigneur, pasteur suprême, et à son Eglise, qu'il a rachetée et contre laquelle, selon sa promesse, les portes de l'enfer ne prévaudront pas (1). »

Chaque mot semble être une condamnation de l'hérésie protestante. Jérémie, il est vrai, ne dit point quels sont ces pasteurs, cette Eglise, qui continuent en ce monde la mission du Christ sauveur ; il lui suffit d'avoir exposé les principes de la société chrétienne dans lesquels personne ne saurait reconnaître ceux de la prétendue Réforme.

(1) Crusius, *Turco-Græcia*, 1, 7., p. 420, Schelstrate, l, c., p. 141-145.

§ III

Cette lettre, assez peu encourageante, arriva à Tubingue au commencement de l'année 1575. Les théologiens protestants s'estimèrent sans doute heureux d'avoir enfin fait sortir le patriarche de son silence prolongé ; enflammés d'une nouvelle ardeur, ils se résolurent à redoubler d'efforts. Gagner à leur cause l'Eglise grecque, c'eût été non seulement arrondir le domaine de la Réforme, mais encore et surtout lui ôter son fâcheux aspect de nouveauté et lui donner le prestige de la tradition. Cette épithète de novateurs qu'on leur appliquait, les irritait fort ; tombée des lèvres du Pape, elle menaçait de leur être infligée aussi par le patriarche schismatique de Constantinople, si ce n'était pas déjà fait, quoique sous une forme indirecte et tempérée.

Andreæ et Cruslus virent le danger. Le 20 mars 1575, ils rédigèrent une note très obséquieuse, par laquelle ils assuraient Jérémie de leur haine contre toute innovation et de leur zèle pour la doctrine contenue dans les Ecritures et les sept conciles œcuméniques. « Peut-être existe-t-il entre nous quelque différence de pratique, mais dans les points fondamentaux de la croyance qui doit nous conduire au salut, nous ne changeons rien ; nous acceptons et conservons la foi que nous ont transmise les Apôtres, les Prophètes, les Pères, les Patriarches et les sept conciles, interprétant les Saintes Lettres, » ils lui demandent ensuite de faire connaître son sentiment sur les articles de la confession d'Augsbourg, et après avoir exprimé le vif désir qu'ils ont de voir Constantinople et Tubingue unies, ils terminent en affirmant qu'ils ne cherchent point la foi en dehors du Christ et qu'ils se gardent de rien innover (1).

(1) SCHELSTRATE, *l. c.*, p. 80, 81.

Le procédé n'avait pas le mérite de l'originalité, puisque déjà Mélanchthon s'en était servi ; à vrai dire, les docteurs luthériens ne pouvaient employer un autre langage sous peine de froisser le patriarche et de faire évanouir leurs rêves de concentration religieuse. Mais s'ils déguisaient un peu les doctrines protestantes dans leurs lettres, la confession d'Augsbourg suffisait pour éclairer Jérémie.

Lorsque Gerlach se présenta au Phanar le 24 mai 1575, il trouva le patriarche tenant conseil avec les principaux membres du clergé grec. Les prêtres, les moines qui étaient présents lurent l'exposé des croyances luthériennes, et aussitôt la discussion s'engagea. Dans ce nouveau symbole, la théorie de la justification et celle de la pénitence choquèrent s rtout les Orientaux qui soutenaient la nécessité de la confession et de l'absolution pour obtenir le pardon des péchés actuels. Gerlach, en bon réformé, les accuse ici de limiter au seul péché originel la valeur satisfactoire des mérites du Christ.

Enfin, après un temps assez long, le patriarche demanda à l'envoyé de Tubingue si Notre Seigneur avait satisfait non seulement pour les fautes passées, mais encore pour toutes celles qui devaient être commises dans l'avenir. Gerlach répondit affirmativement ; et la dispute prit fin sur cet accord dû à une équivoque ; car il ne pouvait être dans la pensée des Grecs d'entendre la restauration morale de l'homme au sens de Luther, qui attribue au baptême les effets de la pénitence, ou, pour mieux dire, efface la pénitence du nombre des sacrements (1).

Le regard de Jérémie avait plongé au cœur même de la doctrine protestante; il questionna encore Gerlach sur cette foi qui sauve l'homme sans les

____

(1) MOEHLER, *La Symbolique,* ou *Exposition des contrariétés dogmatiques entre les catholiques et les protestants, d'après leurs confessions de foi publiques.* (Traduction de Lachat) c. 4. § XXXII, *Du Baptême et de la Pénitence.*

bonnes œuvres ; et le ministre répondit par une affirmation explicite de l'union de la foi avec la charité et de sa distinction d'avec les œuvres, en termes
qui parurent acceptables à ses interlocuteurs. Les
Grecs l'approuvèrent chaudement, lorsqu'il rejeta
l'existence du purgatoire — (au sens reçu communé-
ment chez les catholiques, sans doute ; car les orthodoxes l'admettent aussi quelque différemment) —
comme contraire à l'Ecriture ; mais sur la question
de la procession du Saint Esprit le désaccord fut
complet. Le patriarche répétait les vieilles objections classiques chez les Grecs, tandis que le ministre protestant soutenait la doctrine catholique de
la procession *ex Filio*. Comme on ne parvenait pas
à s'étendre, Jérémie rompit l'entretien en promettant
de donner son sentiment par écrit, lorsqu'il aurait
pu examiner à loisir la confession d'Augsbourg.

Tel est le récit que Gerlach lui-même nous a
conservé de cette entrevue, dans une lettre adressée
à Cruslus (24 mai 1575). En somme, il n'était pas
sans craintes pour l'issue des négociations ; car il
termine ainsi : « Les Grecs tiennent beaucoup à leurs
traditions et à leurs pratiques religieuses. J'ai adouci
un peu les termes des écrits qui combattent leurs
superstitions, et je le ferai encore, dans la mesure
conciliable avec la vérité, pour permettre à cet ouvrage (la confession d'Augsbourg) de produire quelque bien (1). »

§ IV

Les théologiens de Tubingue eurent l'habileté
d'introduire dans le débat un facteur qui ne man-
quait pas d'importance. Parmi les familiers du patriarche se trouvaient deux personnages, considé-

____

(1) Lettre de Gerlach à Martin Cruslus (Schelstrate, *l. c.*,
p. 77, 78.)

rables par leur situation, mais dépourvus des biens
de la fortune, Jean et Théodose Zygomalas. Les
Allemands leur demandèrent, par l'entremise de
Gerlach, de vouloir bien user de leur influence pour
di-poser en leur faveur l'esprit du patriarche. Les
deux Grecs acceptèrent l'offre avec plaisir. La correspondance, à laquelle ces relations donnèrent lieu,
a été publiée par Cruslus dans les *Acta et scripta
theologorum, Wittenbergenstum*, où il expose, d'après
les documents originaux, toute la suite de ces négociations (1).

En adressant ses remerclements à Jean Zygomalas,
auquel il croyait devoir la première réponse du patriarche, Cruslus disait avec une emphase calculée
qu'il préférait aux plus grands trésors le commerce
épistolaire de gens aussi distingués et aussi instruits
que les Grecs. Cette parole ne fut point perdue. Dans
une lettre, où il promettait au docteur luthérien son
concours le plus dévoué, Jean Zygomalas crut pouvoir faire appel à sa générosité en ces termes :
« Nous sommes pauvres ; aussi nous osons vous demander quelques petits secours (2). » Heureux de
cette confidence, les protestants s'empressèrent de ne
pas laisser leurs nouveaux amis dans l'embarras.

Toutefois, l'argent des luthériens allemands ne
pouvait opérer le miracle de changer la foi des
Grecs. Jean et Théodose Zygomalas rendaient quelques bons offices à Gerlach et à Cruslus ; mais au
fond, rien n'avançait. Au mois de 1575, les professeurs de Tubingue envoyèrent à Gerlach cinq exem-
plaires grecs de la confession d'Augsbourg, qui
furent distribués par ses soins à des prélats ortho-

(1) *Acta et scripta theologorum Wittenbergenstum et patriarchæ constantinopolitani D Hieremiæ, quæ utrique ab
anno 1575 usque ad annum 1581 de Augustana confessione
inter se miserunt, græce et latine ab iisdem theologis edita.*
Wittenbergæ 1584.

(2) Cité par Schelstrate, *l. c.*, p. 91.

doxes, et à d'autres personnages importants, Théodose Zygomalas en reçut un. La qualité de protonotaire de l'église de Constantinople le désignait aux attentions des protestants qui se gardèrent bien de l'oublier. Il annonçait à Cruslus, le 15 novembre 1575, que Jérémie préparait une réponse à la Confession d'Augsbourg, dans laquelle il faisait une étude comparative des deux symboles. « Ses nombreuses occupations, disait Théodose, retardent l'achèvement de ce travail, mais votre amitié le recevra certainement. Aujourd'hui notre patriarche vous envoie une lettre, comme vous l'avez demandé, signée par lui et munie de son sceau, selon la coutume (1). »

La vérité, c'est que le patriarche, de concert avec plusieurs membres de son conseil, se livrait à une étude minutieuse de la doctrine luthérienne. Sa réponse du 16 novembre 1575 était une simple promesse de répondre; elle contenait à l'adresse des protestants une leçon discrète qui faisait prévoir le caractère de la réponse définitive, et que les docteurs de Tublingue ne comprirent pas ou feignirent de ne pas comprendre. Il importe de citer ses paroles elles-mêmes qui affirment catégoriquement l'autorité doctrinale de la tradition : « Nous préparons, disait-il, une réponse conforme à l'enseignement des Saintes Écritures et basée sur le fondement de notre foi. Ce n'est ni un ange, ni un homme, qui nous a enseigné cette doctrine, mais le Seigneur lui-même, Jésus-Christ, Dieu et Homme, et les Apôtres, ses disciples. Ensuite les saints Conciles et les Pères, remplis de l'Esprit de Dieu et versés dans la science sacrée, l'ont exposée et interprétée selon le besoin des temps; et personne, parmi les chrétiens dignes de ce nom, ne peut refuser d'accepter leur témoignage et leurs enseignements. »

Vraiment, on ne saurait rien dire de plus contraire

____

(1) Ibid.

aux principes des Réformés sur l'interprétation de la
doctrine révélée et la tradition dogmatique. Le patriarche termine par un souhait qui renferme la même
idée et où il a introduit une parenthèse d'une singulière
importance. « Que le Dieu de paix, écrit-il, qui a
établi solidement sa sainte Église sur la pierre immuable de ses commandements, daigne nous accorder
à tous de traverser les flots de la vie présente, munis
de la foi (accompagnée des bonnes œuvres), et d'arriver heureusement au port céleste (1). »

Il y avait, en résumé, dans ces lignes une condamnation de la théorie protestante sur la justification
par la foi seule dans les œuvres; mais les luthériens
ne voulaient rien entendre. Cruslus, emporté par
son désir de gagner les Grecs, osait même écrire, le
14 avril, à Jean Zygomalos, que s'il existait entre
eux quelques divergences sur des points secondaires,
on s'accordait cependant sur les dogmes principaux, comme la justification et la prière.

Ces exemples, assurément mal choisis, donnent une
singulière idée ou de la bonne foi des protestants,
ou de l'opinion qu'ils avaient du clergé grec; et
l'on serait heureux de connaître les nombreux et
très graves motifs pour lesquels Cruslus affirme que
les premiers Réformés ont abandonné la croyance de
l'Église catholique. Mais il n'en dit pas davantage,
et se contente d'inviter les orthodoxes à ne pas croire
les bruits calomnieux, que des gens mal intentionnés
répandent en Orient sur le compte des protestants,
et il se réjouit à la pensée d'avoir bientôt la réponse du patriarche aux articles de la confession
d'Augsbourg (2).

(1) *Turco-Græcia*, 1.7, p. 440. — Schelstrate, *l. c.*, p. 146, 147.
(2) *Ibid.*, p. 91, 92.

CHAPITRE III

PARALLÈLE DES DEUX DOCTRINES PAR LE PATRIARCHE JÉRÉMIE

§ I

La fameuse lettre qui traitait à fond la question doctrinale ne partit de Constantinople que le 15 mai de l'année 1576; elle parvint à Tubingue le 18 juin. C'était une critique méthodique et détaillée de la Confession d'Augsbourg, au point de vue grecque-orthodoxe. Elle est connue sous le nom de *Censura orientalis Ecclesiæ*, titre que lui donna, en la publiant, Stanislas Socolovius, chanoine de Cracovie et théologien du roi de Pologne, qui en avait reçu communication de l'archimandrite Theoliptos.

Les docteurs de Tubingue avaient tenu secrètes les lettres de Jérémie et leurs instances réitérées auprès du patriarche, de sorte que l'on ne savait rien de cette affaire en Occident. Aussi, grande fut la surprise de Socolovius lorsqu'il apprit ces négociations, de la bouche de Théoliptos, durant un voyage en Russie. Il comprit immédiatement tout l'intérêt qui s'attachait à la réfutation composée par le chef de l'Eglise grecque séparée et résolut de la faire connaître au monde latin. L'archimandrite, rentré à Constantinople, la lui envoya, en l'accompagnant d'une lettre fort aimable; elle parut une première fois, traduite en latin, en 1582, et une seconde en 1584 à Paris, peut-être aussi à Wittenberg (1).

(1) Socolovius, Stanislaus, *Censura orientalis Ecclesiæ de praecipuis nostri sæculi hæreticorum dogmatibus, Iheremiæ Constantinopolitano patriarchæ oblatis.* Ed. illustr. Franc. Feuardentius, Parisiis, Arnold. Sittard, 1584.

La publication du travail du patriarche grec contraria vivement les luthériens. Pour en détruire l'effet, ils prirent le parti de donner, eux aussi, les pièces de la correspondance qu'ils avaient engagée avec le Phanar. Leur préface révèle un état d'irritation excessive contre Socolovius, coupable d'avoir fait connaître leur tentative et de les avoir appelés novateurs, hérétiques et séparés de la vraie Eglise; ils le traitent de menteur, de sophiste, oubliant qu'il n'avait fait autre chose que de livrer à la connaissance de tous, des relations destinées par leur but même à devenir publiques. Fickler, l'un des conseillers de l'archevêque Salzbourg, partageait avec le chanoine de Cracovie les anathèmes de Tubingue.

Tout le mal venait de ce que la réponse de Jérémie révélait au grand jour une opposition foncière entre les dogmes de l'Eglise byzantine et le système protestant, et de ce qu'elle apportait une réfutation en règle, au lieu de l'espérance d'une union tant désirée par les luthériens. C'est à leur recueil, devenu très rare aujourd'hui que nous demanderons les principaux passages de la réponse du patriarche.

Jérémie exposait, dans sa lettre, la créance et les coutumes de l'Eglise grecque avec une franchise qui ne dissimulait point les articles sur lesquels elle est en parfait accord avec Rome. Il blâmait d'abord l'adoption du *Filioque* acceptée par les protestants; il affirmait la pleine existence du libre arbitre, la nécessité des bonnes œuvres, et défendait les pratiques de l'ascétisme et l'état monacal. Quant aux sacrements, il déclarait que l'Eglise en admet sept, et rejetait l'hérésie de l'impanation, quoiqu'il reconnût avec Photius que la matière de l'Eucharistie était le pain levé et non l'azyme des Latins. Sur la question du célibat ecclésiastique, il partageait le sentiment des luthériens, tout en proclamant contre eux l'excellence de la virginité. Enfin il maintenait l'utilité de l'invocation des saints, du culte rendu à leurs images, et la nécessité d'obéir à l'Église, obéissance qui ne contredit en rien, mais confirme celle que nous devons à Dieu.

Pour les docteurs allemands, c'était plus qu'une défaite, c'était une déroute. Le sort avait voulu qu'ils proposassent de renier le culte des images à un patriarche qui s'était précisément efforcé de le promouvoir. Les luthériens ne pouvaient s'adresser plus mal ; au lieu du novateur qu'ils espéraient trouver dans le patriarche grec, ils rencontraient un type d'évêque orthodoxe, très attaché aux traditions doctrinales de son Église et aux pratiques du culte si chères aux Orientaux. Il y aura profit à entrer dans une analyse plus détaillée de sa réponse aux théologiens de Tubingue, et à citer ses propres paroles le plus souvent possible.

§ II

Dans une longue introduction, où, selon le mot d'un protestant de notre époque (1), l'éloge voilait l'ironie, le patriarche félicitait les docteurs luthériens de la charité effective, qu'ils lui avaient témoignée, ne se bornant pas à des paroles vides, comme il arrive trop souvent. Il déclarait ne vouloir rien affirmer de lui-même, mais seulement exposer la doctrine des sept conciles œcuméniques et des Saints Pères, interprètes de l'Ecriture, doctrine à jamais immuable, parce qu'elle est conforme à la pensée de Dieu. Puis, il examinait la confession d'Augsbourg, article par article, condamnant tout ce qui ne s'accordait pas avec l'orthodoxie byzantine, pour n'admettre que les griefs communs contre l'ancienne Rome. Enfin, il passait en revue les *Abus* dont les protestants avaient joint la liste à leur symbole dogmatique.

(1) TRIVIER, *l. c.*, p. 38.

L'erreur luthérienne repose tout entière, historiquement, sur la question des rapports de Dieu avec l'homme pécheur. Afin de calmer les inquiétudes de sa conscience agitée, Luther se persuada qu'il suffisait pour être justifié, de croire fermement que nos péchés nous sont pardonnés en vue des seuls mérites du Sauveur, sans égard à nos bonnes ou à nos mauvaises actions. Notre iniquité, d'après lui, subsiste réellement, mais elle est couverte par la justice du Christ, extérieure à nous, que nous saisissons par la foi justifiante, indépendamment de la charité. Cette foi est désignée par les théologiens allemands sous le nom de *foi instrumentale, foi comme moyen*, parce que la justification étant l'ouvrage de Dieu seul, la foi « saisit et conserve le précieux trésor, savoir Jésus-Christ (1) », que le chrétien offre à Dieu, tout en restant lui-même impur dans son esprit et son cœur.

De cette fausse interprétation de la doctrine de saint Paul, découlent les autres théories, prêchées par Luther sur l'inutilité des bonnes œuvres, l'inefficacité des sacrements et la non-existence de l'Eglise visible ; à cette même erreur se ramènent les conceptions de l'hérésiaque sur la nature du péché originel, sur la cause du péché actuel et le *serf-arbitre*.

On ne pouvait rien inventer de plus contraire aux croyances des Grecs. Le patriarche Jérémie distingua rapidement leur points essentiels du nouveau symbole, et leur opposa une réfutation très calme, basée sur l'autorité des Livres saints et de la tradition.

Contre les deux articles (4º et 5º) de la Confession d'Augsbourg, qui traitent de la foi, que Dieu produit en nous et pour laquelle seule il nous rend justes, le chef de l'Eglise orthodoxe expose la vraie

(1) LUTHER, *Commentaire sur l'Epître aux Galates*, ed. de Witt, p. 70.

doctrine de la rémission des péchés. « Vous affirmez, dit-il aux docteurs luthériens, que la rémission des péchés est accordée à la foi seule. Mais l'Eglise catholique, au contraire, réclame la foi vivante attestée par des œuvres. Car, selon l'enseignement de saint Paul, la foi sans les œuvres est morte. Aussi le grand saint Basile dit que la grâce d'en haut ne vient point à celui qui ne s'applique pas à la recevoir. Il faut donc maintenir avec soin ces deux éléments : le travail de l'homme, et le secours que la foi nous obtient du ciel pour nous faire pratiquer la vertu (1). »

Et comme la doctrine protestante n'accordait pas aux bonnes œuvres, satisfactoires et autres, la valeur qu'elles ont réellement, le patriarche insistait sur cette erreur capitale, qui lui semblait, avec raison, être le renversement de toute vie chrétienne. La foi seule, telle que l'entend Luther, ne saurait purifier l'homme de ses fautes ; il est nécessaire que désormais appliqué au service de Dieu par une conversion sincère, le pécheur ait une foi vivante, c'est-à-dire se traduisant par des bonnes œuvres. Ce sont les expressions mêmes du prélat, qui continue en ces termes d'une particulière gravité : « Cela, nous l'avons déjà dit et nous ne cesserons jamais de le dire ; car l'Ecriture l'enseigne, ce n'est point celui qui répète : Seigneur, Seigneur, qui entrera dans le royaume des cieux mais celui qui accomplit la volonté du Père céleste (2). » Rien n'est plus vrai que ce langage proclamant avec énergie la doctrine reçue du Christ lui-même, et conservée intacte par l'Eglise de Constantinople. Il fallait connaître bien peu les Grecs, pour leur proposer l'acceptation de théories aussi contraires à la foi et à la pratique des orthodoxes que celles des Réformés.

(1) *Acta theolog.*, p. 64. — SCHELSTRATE, *l. c*, p. 152.
(2) *Ibid.*

Sans doute, l'article sixième de la confession d'Augsbourg ne condamnait pas absolument l'exercice des bonnes œuvres, mais il en faussait la notion, en leur refusant tout lien avec la foi et la justification, pour leur donner la volonté de Dieu comme seule raison d'être. Le patriarche répond fort justement que si l'on ne doit pas attribuer trop d'importance aux œuvres, il faut cependant admettre que ceux qui les accomplissent obtiennent la vie éternelle pour récompense. Car elles sont inséparables de la foi véritable qui les précède et qu'elles doivent nécessairement accompagner, selon le précepte du Seigneur, quoique l'on ne puisse se confier absolument en elles, ni s'en glorifier, comme autrefois les pharisiens. Pour employer les paroles du Christ lui-même, quand nous avons tout accompli, nous sommes des serviteurs inutiles. Il faut cependant se garder d'omettre les bonnes œuvres ; car sans elles, il est impossible d'arriver au salut. Si donc nous obéissons à cette parole du Seigneur : « Connaissant ces commandements, bienheureux êtes-vous, si vous les accomplissez », nous serons sauvés (1).

§ III

L'examen de la théorie luthérienne sur l'Eglise et les sacrements venait ensuite.

Là encore, l'opposition était radicale entre protestants et orthodoxes. Jérémie ne pouvait admettre que l'Eglise fût seulement l'assemblée des saints, et les sacrements, de simples moyens d'affermir la foi en la miséricorde divine. Sur ce point, les termes de la confession d'Augsbourg, assez ambigus, pouvaient donner le change à un lecteur peu versé dans la connaissance de la théologie ;

(1) *Ibid.* p. 79 et 153.

mais le prélat grec découvrit facilement le venin des formules luthériennes et se contenta de leur opposer la doctrine reçue en Orient comme en Occident. Ce n'était pas assez, selon lui, de dire que les saints composent, seuls, l'Eglise invisible en soi, mais visible par l'enseignement de l'Evangile et l'administration des sacrements, ni de prétendre que ces derniers ont pour tout effet d'exciter la confiance en Dieu (1).

Jérémie proclamait, à l'encontre de ses erreurs, que la vraie Eglise est celle qui remonte aux Apôtres et qui garde avec soin les traditions et les coutumes des Pères. Puis, il donnait, en quelques pages, un résumé de la doctrine chrétienne sur l'ensemble et sur chacun des sacrements, auxquels il attribuait, comme il est juste, une causalité réelle, quoique instrumentale, dans la collation de la grâce. On retrouve là explicitement affirmés, le nombre septenaire des sacrements, leur origine divine, leur nature propre, la matière, la forme, même le ministre extraordinaire, pour le baptême, par exemple (2).

Le patriarche orthodoxe enseignait hautement que le Baptême et la Confirmation produisent la grâce, tandis que la profession de foi des Réformés ne reconnaissait au premier que le pouvoir d'offrir la grâce, et que Luther retranchait la seconde du nombre des sacrements.

La Sainte Eucharistie ne pouvait manquer d'être l'objet de remarques spéciales. On sait à quels changements d'opinions Luther s'abandonna sur ce point essentiel de la croyance révélée; mais la confession d'Augsbourg n'en parlait qu'avec une sobriété voulue : « Le corps et le sang du Seigneur sont vraiment présents dans la Cène et distribués à ceux qui communient. (3) » On remarquera qu'elle

(1) *Confess. August.*, art. XII, XIII.
(2) *Act. theol.*, p. 77.
(3) *Confess. Aug.*, art. X.

ne dit rien de la transsubstantiation, qui constituait précisément le fond de la difficulté. Jérémie s'en aperçut et répondit à cette omission par un exposé de la doctrine, qui établissait le changement de substance sur des preuves irréfutables. « Il est question, dit-il, au chapitre dixième, de la Cène du Seigneur, mais brièvement et quelque peu obscurément. On en parle chez vous d'une manière qui nous déplait. L'Eglise catholique croit que dans la consécration, le pain est changé au corps du Christ et le vin en son sang, par l'action du Saint-Esprit. Car, la nuit où il fut livré, le Seigneur prit du pain, rendit grâces, et dit : Prenez et mangez. Il n'ajouta pas : C'est la figure de mon corps, mais il dit : C'est mon corps, c'est mon sang. A ce moment, il ne donna pas aux Apôtres pour nourriture le corps qui était le sien, ni un autre descendu du ciel, mais alors comme aujourd'hui, par la grâce du Saint-Esprit, le pain est changé au corps du Seigneur et le vin en son sang, car le pain que je vous donnerai, dit-il, est ma propre chair. Ce sacrement sanctifie les fidèles, et par l'union à Jésus-Christ, en fait pour ainsi dire, des dieux par adoption, de même que le Verbe s'est fait vrai homme en revêtant notre humanité (1). »

Au sujet de la confession, les luthériens admettaient encore à cette époque qu'il fallait la maintenir, mais ils soutenaient que l'énumération de tous les péchés n'est pas nécessaire (2). Sans doute, il peut être difficile de connaître en détail toutes ses fautes; aussi ne demande-t-on au pénitent que de déclarer celles dont il conserve le souvenir. Cette accusation aussi complète que possible doit être maintenue afin que le confesseur, médecin spirituel, puisse appliquer un traitement salutaire à chacune des

(1) *Act. theolog.*, p. 86. — Schelstrate, *l. c.*, p. 161, 162,
(2) *Confess August.*, art. XI,

blessures de l'âme, et imposer une satisfaction dont l'utilité est attestée par les enseignements des saints Pères (1). On le voit, pour les Grecs la Pénitence ne consiste pas dans la contrition et la foi, c'est à-dire dans la confiance absolue succédant à la terreur des jugements de Dieu, et réduisant l'absolution à une simple notification du pardon des fautes, comme le voulaient les luthériens (2).

§ IV

Après avoir établi contre les protestants la légitimité du sacrifice et sa valeur impétratoire, Jérémie examinait le quatorzième article, qui traite de la vocation des prédicateurs de l'Évangile et des ministres des sacrements. Quelle était cette vocation, à quelle source ces ministres puisaient-ils leurs pouvoirs, les protestants ne le disaient pas, mais on devinait facilement leur pensée; ils voulaient détruire l'ordination faite par l'évêque. Le patriarche, au contraire, démontrait par l'exemple des Apôtres, rapporté dans les *Actes*, que dans l'Église, pour enseigner et administrer les sacrements, il faut avoir été choisi spécialement et ordonné validement par l'imposition des mains; toute la tradition l'affirme et écarte des fonctions sacrées les indignes, surtout les hérétiques.

« L'Évangile ne peut être annoncé et les sacrements ne peuvent être administrés par quiconque n'a pas été dûment appelé et ordonné pour cette fonction. Nous l'affirmons; l'Église catholique ne permet à personne de prêcher et de célébrer la liturgie, s'il n'a été appelé et désigné canoniquement, et ordonné par l'imposition des mains, comme le veut la tradition; elle écarte ceux qui font partie de sectes qu'elle condamne. La tradition réprouve.

(1) *Act. théolog.*, p. 86, 89. — SCHELSTRATE, *l. c.* p. 162, 163.
(2) *Confess August.*, art. XIII.

le sentiment de ceux qui regardent comme indifférent de confier les saints mystères à des laïques les premiers venus aussi bien qu'à des clercs ordonnés canoniquement (1) ». Il est à noter que dans la suite de ce passage, Jérémie invoque l'autorité des canons dits apostoliques, et repousse l'ingérence des pouvoirs civils dans le choix et l'ordination des évêques.

Les assertions des protestants sur les pratiques religieuses en usage parmi les chrétiens, ne pouvaient échapper à la vigilance du prélat orthodoxe. D'après les Réformés, les fêtes ecclésiastiques ne sont point obligatoires, et il y a même certaines traditions « inventées par les hommes, sous prétexte d'apaiser la justice de Dieu, d'attirer sa grâce et de satisfaire pour les péchés, qui sont contraires à l'Évangile, par exemple, les vœux, l'abstinence, etc. (2) ». La réponse du patriarche dit que les prières offertes à Dieu aux jours de fêtes, sont très utiles au bien des âmes, comme l'enseigne saint Paul et après lui saint Jean Chrysostome. « Loin de déclarer inutiles les fêtes, les jeûnes, les associations, la vie monastique et autres semblables institutions, vous devez les aimer, si comme vous le dites, vous aimez les bonnes œuvres (3) ».

Au sujet du libre arbitre que la confession d'Augsbourg limitait aux actions purement naturelles dans l'ordre de la moralité, Jérémie n'admettait pas la restriction injustifiée des protestants, et maintenait, d'après les saintes Lettres et les Docteurs de l'Eglise, l'exercice de la liberté humaine vis-à-vis de la grâce. « Car, selon le mot de saint Jean Chrysostome, la grâce, quoiqu'elle soit grâce, ne sauve que ceux qui veulent (4) ».

(1) *Acta theolog.* p. 104. — Schelstrate, *l. c.* p. 163-168.
(2) *Confess. August.*, art. xv.
(3) *Acta theolog.* p. 109, 119. — Schelstrate, *l. c. p.* 165-168.
(4) *Confess. August.* art. xv. — *Acta theolog.* p. 113, — Schelstrate, *l. c.* p. 167-168.

En ce qui concerne le culte des saints, rejeté par les luthériens comme n'ayant pas de fondement dans l'Ecriture (1), il a toujours été en honneur dans l'Eglise grecque, et le patriarche le défendait avec énergie contre les entreprises des novateurs. Il distinguait soigneusement l'invocation que l'on adresse à Dieu « et qui lui appartient à lui seul proprement et premièrement, de celle que l'on fait aux saints, mais qui ne leur convient que secondairement et comme par grâce. Nous nous en servons comme des médiateurs, surtout de la Mère de Dieu, et nous les honorons d'un culte relatif, pas latreutique, par la construction des sanctuaires, par des dons, des discours, et des images saintes. Il est d'un usage constant dans l'Eglise de prier la toute sainte Notre Dame, Mère de Dieu, les divers chœurs des Anges, saint Jean Baptiste le précurseur, les glorieux Apôtres, Prophètes, Martyrs, Evêques, Docteurs, en un mot, tous les autres saints et le chœur des saintes femmes, et de leur demander de nous obtenir le pardon de nos fautes et la grâce de triompher des attaques de l'ennemi (2). »

Telle est dans ses lignes essentielles, la réponse faite par le patriarche Jérémie aux articles de la confession d'Augsbourg. On peut bien dire que c'est une véritable réfutation des doctrines luthériennes, qui accuse une divergence complète de principes et de conduite entre Grecs orthodoxes et Réformés. En terminant, le prélat affirmait de nouveau l'autorité des conciles et des saints Pères, interprètes de l'Ecriture, et la nécessité de rester fidèles aux enseignements des Apôtres, aussi bien qu'aux usages établis par eux dans l'Eglise. « Celui qui rejette les canons des

(1) *Confess. August.* art. XXI.
(2) *Acta theolog.* p. 127. — SCHELSTRATE, *l. c.* p. 168, 169.

Conciles et s'élève contre le pouvoir des Apôtres, ne peut entrer en communion avec nous... Si donc vous, hommes très sages, vous voulez vous adjoindre à notre Eglise, nous recevrons votre charité avec tendresse, à condition que vous veuilliez suivre, avec nous, en toute concorde, les prescriptions des Apôtres et des Conciles. Alors vous serez vraiment des nôtres, et tous les orthodoxes vous loueront. ...Ecrit à Constantinople, le 15 mai, l'an de l'Incarnation 1576, dans le vénérable monastère de la Très Sainte Vierge Marie (1). »

Après les déclarations si péremptoires et si claires du patriarche sur les divers articles du symbole luthérien, on aurait pu croire que les théologiens de Tubingue en fussent restés là ; toute discussion ultérieure semblait inutile. Ce ne fut pas l'avis des docteurs protestants ; loin de se décourager, ils reprirent les négociations l'année suivante, et leur persévérance nous a valu de connaître mieux encore l'opposition foncière, qui existe entre le Protestantisme et l'Orthodoxie grecque. Les nouveaux enseignements de Jérémie sur le libre arbitre, la foi, les sacrements, le culte des saints et la vie monastique en donneront la preuve.

CHAPITRE IV

NOUVELLE RÉFUTATION DU LUTHÉRANISME PAR LE PATRIARCHE GREC

§ I

La réponse du patriarche de Constantinople avait causé quelque embarras aux zélateurs du protestan-

(1) *Ibid*, p. 142 et 170-172.

tisme, mais sans dissiper leur désir et leur espoir
de sceller avec l'Eglise grecque orthodoxe, une union
qui paraissait devoir être si profitable à la Réforme.
On ne s'explique cette ténacité que par l'influence
de Jacques Andreæ, l'inspirateur et l'âme de ce
mouvement de propagation luthérienne.

Après une année de réflexion, les théologiens
de Tubingue adressèrent, le 16 juin 1577, au patriarche Jérémie, une réponse solidement appuyée
sur l'autorité des Saintes Lettres, nous assure Martin Cruslus (1). Ils la firent suivre, le 1er octobre, d'un
Résumé de théologie protestante, qui n'était autre
que le Manuel de dogmatique composé par le docteur Heerbrand, où se trouvaient nettement affirmés
tous les principes de la nouvelle hérésie (2).

Le patriarche était alors absent de Constantinople. La visite des églises le retenait en Thessalie
pour plusieurs mois encore, lorsque son Vicaire,
l'évêque de Berrhoé, et son pronotaire, Théodose
Zygomalas lui transmirent. A Thessalonique, les
messages et les présents des luthériens. A la date
du 20 février de l'année suivante 1578, Zygomalas
accusait réception de leur envoi aux docteurs
réformés et promettait de leur faire parvenir la
réponse de Jérémie, dès qu'il l'aurait reçue, peut-
être même avant son retour à Constantinople (3).

Comme la première fois, le patriarche ne voulait
pas traiter immédiatement la question de fond. Il
se contenta pour le moment, d'écrire trois lettres
fort courtes aux théologiens allemands : l'une en
commun, à Jacques Andreæ, Jacques Heerbrand,
Luc Osiander et Martin Cruslus, l'autre à Jacques
Heerbrand en particulier, comme à l'auteur du Résumé de théologie, et la troisième à Cruslus, à cause

(1) *Turco-Græcia*, 1, 7.
(2) *Acta theol. Witt.*, p. 381.
(3) SCHELSTRATE, *l. c.*, p. 97.

de sa situation de chancelier de l'université de Tubingue, et de ses précédentes relations. Toutes les trois sont datées du mois de mai 1578, et de Constantinople, où Jérémie venait seulement de rentrer.

Il disait avoir reçu leur envoi le 4 mars, en Thessalie, mais protestait que ses occupations ne lui avaient pas permis de répondre comme il convenait, et qu'il lui était encore impossible de le faire avant le départ de Gerlach pour l'Allemagne, qui devait avoir lieu le premier juin. Il promettait de leur envoyer la lettre qu'ils sollicitaient, au mois d'août suivant, par l'intermédiaire de Salomon Schweicker, chapelain du nouvel ambassadeur (1). A l'égard de tous, « l'archevêque de la nouvelle Rome, patriarche œcuménique » se montrait d'une courtoisie parfaite, que les luthériens auraient eu tort de prendre pour un gage accordé à leurs prétentions. La leçon qu'il leur réservait le montrera amplement. Toutefois il ne tint pas parole, estimant sans doute, qu'il avait dit, au moins essentiellement, tout ce qu'il avait à dire au sujet des doctrines protestantes; et c'est seulement au mois de mai 1579, qu'il expédia sa deuxième réponse dogmatique aux théologiens de Tubingue, deux ans après la nouvelle instance de ces derniers.

Dans l'intervalle, les protestants désireux de ne laisser perdre aucune chance de succès, ne restèrent pas inactifs. Sur le conseil de Gerlach, le chancelier Crusius écrivit, le 30 juin 1575, au métropolitain de Berrhœ, Métrophane, Vicaire du patriarche, pour le remercier d'avoir pris la peine de transmettre à Jérémie, durant ses voyages, la lettre et l'envoi des luthériens. Il lui parlait avec complaisance de son amitié pour le patriarche, de ses relations épistolaires avec Jean et Théodose Zygomalas, et de la lettre qu'il adressait, toujours à l'instigation de Ger-

(1) *Acta theol. Witt.* p. 383.

lach, à son frère Matthieu, vicaire du patriarche
d'Alexandrie, alors présent à Constantinople.

Un sermon du docteur Théodore Sveppfius accom-
pagnait les deux missives et devait éclairer discrète-
ment les prélats sur la religion des Réformés.
L'année suivante, Cruslus sollicitait par lettres la
bienveillance du grand logothète de l'Eglise de
Constantinople pour les Allemands, ces amis sincères
de la vérité (1). On le voit, les disciples de Luther
ne ménageaient rien pour arriver au but de leurs
désirs; ils furent d'ailleurs merveilleusement servis
par le zèle que déploya Gerlach, durant son séjour
dans la capitale de l'empire ottoman.

David Chytræus, dont il a été question plus haut,
avait jadis (1574) consulté Gerlach sur la foi des
Grecs et voulait, à cette époque, donner une nouvelle édition de son Discours sur l'état des Eglises. Il
demanda à Wenceslas Budowitz, ambassadeur près
du Sultan, si les renseignements fournis par Gerlach
n'avaient rien perdu de leur exactitude. Le même
désir d'union le poursuivait, malgré le peu de succès
obtenu jusque là par les théologiens de Tubingue,
et malgré l'opinion peu avantageuse qu'il avait « des
superstitions et des erreurs de l'Eglise grecque »,
comme il s'exprime dans une lettre au consul de Ham-
bourg, Eberhard Moller.

De l'aveu même des protestants, ils ont essayé
de s'unir aux Grecs orthodoxes de Constantinople,
mais la divergence des doctrines rendait l'accord
impossible. L'historien réformé Hottinger écrivait
donc avec raison, au siècle suivant : « Parce que,
de part et d'autre, le dissentiment était manifeste
sur la procession du Saint Esprit, le libre arbitre,
la justification par la foi et les bonnes œuvres,
l'invocation des saints et la vie monastique, l'union

(1) CRUSIUS, *Turco-Græcia*, l. 7. — SCHELSTRATE, *l. c.*, p.
100, 101.

n'a pu être réalisée (1). » Quelques extraits de la réponse du patriarche, traduite par Crusius lui-même, le montreront suffisamment.

§ II

Jérémie se servait, à l'égard des protestants, des formules les plus courtoises, sans rien sacrifier des croyances de son Eglise. Qu'il eût, ou non, le secret désir de trouver des alliés chez les Réformés, ou qu'il voulût simplement user, à leur endroit, de procédés corrects et dignes, il opposa à leurs prétentions un refus qui, pour être poli, n'en était pas moins catégorique.

Sur la doctrine de la procession du Saint Esprit, les luthériens pensaient comme les catholiques et ne professaient, à ce sujet, aucune nouveauté. Le sentiment des Grecs est assez connu par leurs controverses avec les Latins, pour que nous n'ayons pas à rapporter les termes mêmes de la réponse de Jérémie. Il s'agit surtout de produire le jugement des orthodoxes à l'égard des doctrines, qui forment les traits distinctifs du protestantisme.

Le libre arbitre. — Luther, ne pouvant s'expliquer l'accord de la prescience divine avec la liberté humaine, établit comme article de foi, que le libre arbitre ne peut subsister, et de fait ne subsiste pas « devant la volonté immuable et éternelle par laquelle Dieu prévoit, prépare et accomplit toutes choses. *Hoc fulmine sternitur et conteritur penitus liberum arbitrium* ». Il suit de là inéluctablement que tout ce que nous faisons, même si cela nous paraît contingent, s'accomplit nécessairement et irrésistiblement, si l'on regarde la volonté de Dieu (2).

(1) SCHELSTRATE, *l. c.*, p. 100-102.
(2) La réponse du patriarche est donnée dans les *Acta theolog. Wittemb*, p. 200 et suiv.

« Tout ce que nous faisons, dit-il encore, nous le
faisons non par libre arbitre, mais par pure nécessité (1). » Melanchthon enseigne la même doctrine
et prétend que l'introduction du dogme impie du
libre arbitre, dans le christianisme, est due à la
philosophie et que l'Ecriture n'en parle pas (2).

A l'encontre d'une si pernicieuse erreur, le patriarche de Constantinople fait appel à l'autorité
de saint Jean Chrysostome, commentant l'apôtre
saint Paul ; il affirme lui-même que sans libre arbitre
il n'y a ni responsabilité, ni mérite, et que la grâce
ne violente pas la nature. « Qui pèche, dit-il, n'a pas
d'excuse ; car c'est librement et non par coaction que
celui-là agit qui choisit de faire ce qu'il veut, soit
le bien, soit le mal... La grâce est dite précéder, à
cause de l'impuissance de la créature ; et l'on ajoute
que notre choix suit, parce que notre volonté n'est
pas nécessitée ; ainsi peut-on si l'on veut, profiter ou
ne pas profiter de la lumière (3). Ce n'est pas le tem-
pérament naturel qui fait par lui-même l'homme
vertueux ou coupable, mais quelque chose d'acci-
dentel : notre propre choix. La possibilité de faire
le mal, que Dieu laisse à l'homme, est une preuve
de l'usage de la raison et la liberté, et une occasion
de pratiquer la vertu et de mériter la couronne.
Quant au salut, Dieu veut, de volonté antécédente
(προηγούμενον θέλημα dit le patriarche) que tous par-
viennent au royaume céleste ; mais il veut aussi, de
volonté conséquente (ἐπομενον θέλημα), que les pé-
cheurs soient punis, parce qu'il est juste ; la première est de lui seul, la seconde dépend de nos
œuvres. Il faut bien savoir que Dieu sait tout à
l'avance, mais qu'il ne détermine pas tout à l'avance.
Il *prévoit* ce qui vient de notre libre arbitre ; il ne le

(1) LUTHER, *De servo arbitrio*, Ed. Jen. t. III, p. 170, 171,
177.
(2) MELANCHTHON, *Loc. Theolog.*, ed. Aug. 1821, p. 12.
(3) SCHELSTRATE, *l. c.*, p. 178.

prédétermine pas; car il ne veut pas l'accomplissement du mal, et ne force pas l'homme à la vertu
malgré lui. Donc la prédestination est l'œuvre de la
volonté divine résultant de sa prescience.

Entre les deux doctrines l'opposition est complète.
Le prélat affirme ce que nient les luthériens, en des
termes qui ne laissent possibilité à aucune équivoque;
l'explication qu'il donne d'un des plus profonds
mystères du dogme chrétien se rapproche beaucoup,
les théologiens le remarqueront, d'un système reçu
dans certaine école de théologie catholique.

La justification par la foi et les bonnes œuvres. —
A la théorie protestante de la justification par la foi
sans les œuvres, de cette justification purement
extérieure qui ne fait que dérober l'injustice de
l'homme aux yeux de Dieu, et de cette foi qui est la
simple confiance dans la miséricorde divine (1), le
patriarche oppose la vraie doctrine de la foi chrétienne et de la nécessité des bonnes actions.

Tandis que Luther et Melanchthon tirent les conséquences de leur système erroné sur l'état primitif
de l'homme, et le péché originel, jusqu'à regarder
comme des péchés les meilleures actions (2), Jérémie
enseigne la justification intérieure par la vertu du
Christ, et le devoir de marcher dans les voies du
Seigneur par la pratique de bonnes œuvres. « Nous
ne prétendons pas, dit-il, que tous ceux qui obéissent
à la loi sont justifiés, mais ceux qui accomplissent
spirituellement une loi spirituelle. Au contraire, ceux
qui n'observent que l'extérieur perdent, sans aucun
doute, la grâce, et méconnaissent la perfection de
cette loi spirituelle qui purifie de toute souillure et
dont la fin est le Christ. »

Ces paroles vont directement contre la théorie

____

(1) *Confess. August.* art. IV. — MELANCHTHON, *Loc. theol.*
p. 93.

(2) LUTHER, *Assert. omn. artic.*, Opp. t. II, p. 335. — ME-
LANCHTHON, *l. c.*, p. 108.

luthérienne de la justice imputative ; de même les
suivantes, qui paraissent viser la célèbre comparaison du vase d'argile renfermant de l'or, employée
par Luther : « Nous ne serons sauvés que si nous
avons le cœur pur, et si, avec une foi véritable,
attestée par les œuvres, nous suivons les exemples
divins du Verbe Incarné (1). »

Le patriarche rejette la doctrine de Luther, d'après
laquelle l'homme ne coopérerait point à la grâce et
serait un instrument purement passif entre les mains
de Dieu (2). « La grâce n'opère pas seule dans les
saints, mais conjointement avec les facultés naturelles.
Elle doit accompagner les œuvres, comme la lumière
accompagne la vision, et l'âme, le corps. Puisque
ces deux éléments concourent au salut, l'homme
doit sans aucun doute les posséder, c'est-à-dire, une
vraie foi et des actions vertueuses par la foi. La foi
sans les œuvres, et les œuvres sans la foi ne sont pas
agréées de Dieu. Sans les trois vertus de foi, d'espérance et de charité, il est impossible d'arriver au
salut. »

Jérémie rapporte ici l'enseignement de saint
Pierre et de saint Jean sur la charité, avec le long
passage de l'épître de saint Jacques sur la foi et les
œuvres, auquel il joint un commentaire sur l'absolue nécessité des trois vertus théologales et la sou-
mission de l'intelligence à la parole révélée.

L'insistance avec laquelle il énumère et décrit les
avantages de la foi, cache probablement une leçon discrète à l'adresse de ceux qui faisaient du libre examen
un des points fondamentaux de leur système religieux. « Si nous nous appuyons sur nos propres
raisonnements, il est à craindre que nous ne tom-
bions dans le chaos d'Anaxagoras. »

(1) SCHELSTRATE, *l. c.*, p. 183, 184, 186.
(2) LUTHER, *In Genes.*, c. 19 ; *Solid. Declar.*, II, de lib. ar-
itr. §. 43.

Le patriarche termine ce chapitre par une exhortation à la pratique de la mortification et de l'humilité, à la lutte soutenue et courageuse contre les passions de toutes sortes, afin d'obtenir la couronne. « Nous vous disons cela, ajoute-t-il, délibérément, pour vous avertir de vous livrer chaque jour à l'accomplissement d'œuvres louables et bonnes. Appliquez-vous à la vertu ; autrement nous perdrions notre temps avec dommages. Vous voyez suffisamment, croyons-nous, qu'il faut, même au prix de combats et de fatigues, accomplir des bonnes œuvres (1). »

Les sacrements. — D'après la doctrine luthérienne, le salut étant assuré par le seul fait que le chrétien a la foi, les sacrements deviennent inutiles. En tout cas, il n'ont pas la puissance de sanctifier et ne sont que des moyens d'affermir la foi en la miséricorde divine (2). Pour le patriarche de Constantinople au contraire, nous avons dans les sacrements la source et l'aliment de la vie surnaturelle (3).

En premier lieu, le baptême, selon Luther et Melanchthon, n'est pas autre chose que le sceau du pardon accordé à l'homme justifié (4). Le prélat orthodoxe enseigne que le baptême est l'introduction, la naissance à la vie selon le Christ, ou, pour le considérer sous un autre aspect, une participation à la mort du Seigneur afin de ressusciter avec lui (5).

Quant à la Confirmation, que les protestants retranchaient du nombre des Sacrements et tenaient pour une simple cérémonie extérieure, le patriarche en revendique hautement la légitimité et l'existence, sur l'autorité des conciles et des Pères. « D'abord,

(1) Schelstrate, *l. c.*, p. 192, 195.
(2) Luther, *De captiv. Babyl.* Opp., Jen., t. III, p. 266. — Melanchthon, *Loc. theol.*, p. 46.
(3) Schelstrate, *l. c.*, p. 196.
(4) Luther, *l. c.*, p. 287. — Melanchthon, *l. c.*, p. 145.
(5) Schelstrate, *l. c.*, p. 197.

dit-il, nous sommes lavés par le Baptême, et ensuite nous sommes oints par le Chrême. » Et comme les luthériens objectaient le silence de l'Ecriture, Jérémie répond fort justement : « Ne vous étonnez pas s'il n'est pas fait mention du chrême à propos des baptêmes dont vous parlez ; car l'Eglise du Christ, avec l'aide de sa grâce, a connu et mis en relief plusieurs choses appuyées sur le fondement de la parole divine. Saint Paul n'a pas tout écrit ; son disciple Denis, et les docteurs des âges suivants ont, sous l'action du Saint Esprit, transmis son enseignement dans des écrits qu'il n'est pas juste de rejeter. Aussi bien que le baptême et la communion, les autres sacrements qui forment le septenaire, sont reçus dans l'Eglise ; et les docteurs ecclésiastiques en parlent avec clarté et abondance, spécialement Siméon, archevêque de Thessalonique, dont le docte Etienne Gerlach possède le traité (1). »

Au sujet de l'Eucharistie, Luther et ses partisans changèrent plusieurs fois d'opinion, et Melanchthon alla même jusqu'à modifier le texte de la confession d'Augsbourg, dont il avait été le rédacteur. Pour eux, plus de transsubstantiation, ni même de présence de Notre-Seigneur, mais une simple figure et un souvenir d'après quelques-uns, ou tout au plus une présence du corps du Christ et de la substance du pain par consubstantiation ou impanation.

Le patriache grec, fidèle à la vraie doctrine, enseigne que « le corps et le sang du Christ sont dans la divine Eucharistie, et que le pain devient le corps et le sang du Christ, et le vin et l'eau son sang, par l'action incompréhensible du Saint Esprit. Le pain et le vin ne sont pas la figure du corps et du sang du Christ, mais le corps même du Seigneur ; car il n'a pas dit : *C'est la figure de mon corps*, mais : *C'est mon corps*, ni : *C'est la figure de mon*

(1) SCHELSTRATE, *l. c.*, p. 190.

sang, mais : *C'est mon sang*. Précédemment il avait dit aux Juifs : Si vous ne mangez la chair du Fils de l'homme et si vous ne buvez son sang, vous n'aurez pas la vie en vous ; car ma chair est vraiment une nourriture et mon sang un breuvage (1). »

De la théorie luthérienne sur la justification par la foi, et sur l'action immédiate de l'Esprit Saint à l'égard du fidèle, qu'il instruit seul intérieurement, il suit que le sacerdoce est inutile et qu'on doit supprimer l'ordination. Tout chrétien est prêtre et peut annoncer la parole ; il est infaillible, il se suffit à lui-même, et plus n'est besoin d'une Eglise visible, ni d'une autorité religieuse (2). La réponse de Jérémie est tout à l'opposé : « Par l'ordination et le sacerdoce, nous recevons le pouvoir d'administrer les choses saintes ; et aucune fonction sacrée ne s'accomplit sans le prêtre (3). » Les protestants connaissaient bien peu les Grecs, si respectueux de la dignité sacerdotale, pour leur proposer l'accord avec une religion sans prêtres et sans hiérarchie ecclésiastique.

Chez les novateurs, la pénitence n'existait plus ; on lui donnait un sens bien différent du véritable en la réduisant aux terreurs de la conscience et à la foi dans le pardon à cause du Christ (4). « La pénitence, dit le patriarche, fait que nous nous relevons de nos chutes, et que nous corrigeons notre vie par la conversion, par la confession des péchés et l'éloignement du mal. Elle est un don inestimable à ceux qui ont commis des fautes après leur baptême (5). »

Pour les luthériens, l'Extrême Onction n'avait pas plus raison d'être que les autres sacrements (6).

<hr>

(1) *Ibid.* p. 200, 201.
(2) Luther, *De instituendis ministris Ecclesiæ*, opp. t. II. p. 585. *Resp. ad libr. Ambr. Cathar.*, *ibid.* p. 376, 377.
(3) Schelstrate, *l. c.* 201.
(4) *Confess. Aug.* art. xii.
(5) Schelstrate, *l. c.* p. 202.
(6) Melanchthon, *Loc. theol.* p. 156.

Les nouveaux docteurs oubliaient l'affirmation si
si explicite de l'apôtre saint Jacques, que le prélat
orthodoxe leur rappelle fort à propos. « L'huile
sainte (l'Extrême Onction) est au nombre des sacrements, comme un gage de la miséricorde divine
pour le pardon accordé à ceux qui se repentent de
leurs fautes. Elle procure la rémission des péchés et
aussi le soulagement des corps. Saint Jacques nous
a laissé, sur ce point, un témoignage indiscutable, au
chapitre cinquième de son épître (1). »

Et pour terminer, Jérémie affirme dans un langage
qui n'a rien de protestant, l'origine divine des sacrements, leur convenance par rapport à notre nature
humaine, composée d'une âme et d'un corps, et la
fidélité de l'Eglise grecque à retenir les moyens de
sanctification établis par le Christ. Les termes, dont
il se sert, sont les mêmes que dans sa première Réponse ; dans la deuxième, il ne fait guère que répéter, ou développer ce qu'il avait déjà exposé
quelques années auparavant.

L'invocation des saints. — Cette fois-ci, le patriarche
voulut justifier amplement la légitimité du culte
rendu aux saints et à leurs images. On sent, à la manière dont il s'exprime, que le sujet lui tient à cœur.
Ecoutons-le plutôt : « Vous affirmez, dit-il aux protestants, que l'on doit imiter la foi, la patience et
les exemples salutaires des saints, mais vous pré-
tendez qu'on ne doit pas les invoquer. Vous niez que
l'on doive recourir à leur intercession auprès de Dieu ;
vous leur refusez la vénération, à eux et à leurs
images ; et vous dites qu'il ne faut pas élever des
temples, et faire des dons en leur honneur. Vous crai-
gnez, prétendez-vous, qu'on ne transporte à la créature un hommage qui n'est dû qu'à Dieu seul. »

« Nous répondons à cela qu'il faut invoquer les
saints et qu'ils peuvent nous secourir ; on le prouve

(1) SCHELSTRATE, *I, c.* 202 203.

de bien des manières, » Jérémie le démontre par des exemples tirés de l'Ecriture par l'affirmation de l'Eglise qui dit que les saints vivent auprès de Dieu, et par les bienfaits visibles dûs à leur protection. Il décrit avec une complaisance marquée les honneurs que les orthodoxes rendent à la mémoire, aux reliques et aux images des saints, de la Vierge Mère de Dieu, de Jean Baptiste à la fois prophète, précurseur, apôtre et martyr, des Apôtres qui ont vu le Seigneur, des martyrs, les soldats du Christ, qui participent maintenant à sa gloire après avoir pris part à ses souffrances.

« Il faut, dit-il, imiter leur vie, leur foi, leur charité et leur espérance, afin d'obtenir la même couronne.., Nous savons, nous aussi, que le culte de latrie est dû à Dieu seul, mais le respect, l'hommage diffère beaucoup du culte de latrie. » Invoquer les saints, c'est demander le secours du Seigneur qui a seul la puissance réelle de nous venir en aide. Saint Epiphane n'a reproché aux Collyridiens le culte de Marie que parce qu'il était exagéré et parce qu'ils faisaient une déesse, de la Mère de Dieu. A chaque page de l'Ecriture, pour ainsi dire, on trouve des preuves de l'invocation des saints et de la légitimité des images destinées à représenter ce que nous ne voyons pas.

« Donc, mes frères, ajoute le patriarche, soyons attachés à la pierre de la foi et à la tradition de l'Eglise. Ne changeons point les bornes posées par les saints Pères, et ne favorisons point ceux qui proposent des nouveautés et tâchent de renverser l'édifice de la Sainte Eglise de Dieu, catholique et apostolique. Si on les laisse faire, peu à peu tout le corps de l'Eglise sera détruit... Gardons avec droiture et simplicité les enseignements de la tradition, et ne commettons pas la faute d'adopter une foi nouvelle, selon la recommandation de l'Apôtre. »

Le patriarche ne pouvait plus explicitement attaquer le principe même du protestantisme, et con-

damner l'esprit qui animait les partisans du libre
examen. Pour donner plus d'autorité à sa parole
le patriarche conclut son enseignement sur le
culte des saints en faisant appel aux témoignages de
plusieurs conciles et docteurs, qu'il rapporte textuel-
lement, entre autres ceux du concile de Nicée, de
saint Denis, de saint Basile, de saint Athanase, de
saint Cyrille d'Alexandrie, de saint Grégoire de
Nazianze, de saint Jean Chrysostome, et de Sévérien
de Gabales (1).

La vie monastique. — Luther, on se l'explique
facilement, s'était élevé avec violence contre les
vœux de religion. Ses disciples, autant par logique
que par fidélité aux enseignements de l'hérésiaque,
rejetaient la vie religieuse, dont les pratiques ne
pouvaient s'accorder avec leurs dogmes nouveaux.
Mais sur ce point encore, l'Église grecque et le protestantisme étaient aux deux pôles opposés. Le patriarche ne le dissimula pas plus qu'il n'avait fait
pour les autres points que les protestants avaient
exposés dans leur lettre.

« Vous convenez, leur écrit-il, qu'il y a eu autrefois des hommes adonnés au service de Dieu que
l'on a appelés moines et archimandrites ; mais vous
n'admettez pas ce genre de vie, à cause des pratiques multiples et de la retraite auxquelles il oblige,
et parce qu'il vous semble imposer à la faiblesse et
à la mobilité de la nature, de trop de lourdes obli-
gations. — Nous répondons à cela, que ces premiers
moines menaient la vie solitaire, comme on le voit
faire encore aujourd'hui. » Et Jérémie rapporte le passage de la *Hiérarchie ecclésiastique*, où saint Denis (*sic*)
décrit le rite de la profession monastique. Il donne
ensuite quelques extraits du sermon de saint Basile le
grand sur le renoncement et les exemples des moines,
cite plusieurs décisions des conciles concernant la vie

(1) SCHELSTRATE, *l. c.*, p. 203-222.

des moines et des vierges chrétiennes, et termine en
exhortant derechef les luthériens « à venir à la
vérité de tout cœur et à rejeter loin d'eux toute
nouveauté inconvenante que l'Eglise et les docteurs
ecclésiastiques n'ont point enseignée. Il faut s'en
tenir aux interprétations de l'Ecriture données par
les Pères, et ratifiées par les conciles, soit œcuméniques, soit provinciaux. Si jusqu'ici vous n'y avez
pas été fidèles, amendez-vous en hommes sages, et
vous mériterez les louanges de Dieu et des hommes,
et les nôtres. Se tromper est de l'homme, mais
corriger ses erreurs est angélique et très salutaire (1). »

CHAPITRE IV

RUPTURE.

§ I.

La lettre qui contenait la deuxième réponse du
patriarche Jérémie II aux difficultés des protestants,
était datée du mois de mai, indiction septième, de
l'année 1579, et scellée du sceau patriarcal en cire
noire, représentant Notre-Dame, Mère de Dieu.
Comme on le pense bien, elle ne satisfit pas les théologiens de Tubingue, qui lui opposèrent une nouvelle
dissertation apologétique de la Confession d'Augsbourg (2) ; ils y déclaraient que l'Ecriture seule était
la règle de la foi, et qu'il ne fallait pas s'astreindre à
l'interpréter comme avaient fait les Pères. C'était
heurter directement les enseignements réitérés du
patriarche orthodoxe. Mais déjà, quand ils expé-

(1) *Acta theolog. Will.*, p. 256, et suiv.
(2) *Ibid.*, p. 264.

dièrent leur lettre, le 24 juin 1580, de Tubingue,
Jérémie n'occupait plus le trône de Constantinople.

Au mois de décembre 1579, son prédécesseur, Métrophane III, avait ressaisi le pouvoir, grâce à la
disparition de Michel Cantacuzène, protecteur de Jérémie, que le sultan avait fait pendre dans sa propre
demeure. Sur la foi de Gerlach, qui l'avait visité
souvent à Constantinople et dans sa retraite de
Chalcis, Crusius vante l'affabilité, la prudence et la
science de Métrophane. Il le dit assez favorable aux
protestants, affirmation difficile à concilier avec ce
qu'il raconte, à la même page, de son voyage à
Rome et de ses projets d'union avec l'Eglise latine.
Quoi qu'il en soit, le nouveau règne de Métrophane
ne dura pas une année ; car il mourut au mois d'août
suivant (1580) (1). Une lettre de Théodose Zygomalas
à Crusius, (24 février 1580), nous apprend que les
négociations avec les protestants continuèrent sous
son pontificat (2).

Après la mort de Métrophane, Jérémie II reprit
possession du siège de Constantinople. Il n'oublia
point, malgré leur désaccord doctrinal, la sympa-
thie que les docteurs de Tubingue lui avaient
exprimée, durant sa disgrâce ; et dès le mois de mai
1581, il leur écrivit pour les remercier de leur
amitié éprouvée, et pour annoncer sa réponse à
l'apologie qu'on lui avait transmise (3). Comme
toujours, le ton de sa lettre est d'une courtoisie et
d'une dignité parfaites, malgré l'ennui que devait
lui causer la tâche ingrate de se répéter inutilement
et de discuter en partant de principes diamétralement opposés à ceux de ses contradicteurs.

Le patriarche commence par dire qu'il a reçu
l'écrit des luthériens où ils renouvellent les mêmes
objections, et qu'il pourrait ne pas répondre à des

(1) Crusius, *Turco-Græcia*, l. 2, p. 212, 274.
(2) Schelstrate, *l. c*, p. 230-238.
(3) *Ibid*, 239, 240.

gens obstinés à fausser le sens de l'Ecriture et des
interprétations données par les saints Docteurs.
« Mais, dit-il, comme notre silence pourrait faire
croire que nous sommes d'accord avec vous et que
vous avez, de votre côté, la vraie foi, l'Ecriture et
les saints, nous avons voulu déclarer ici pour défense
que votre foi nous est attestée par vos écrits, et que
jamais vous ne pourrez vous accorder avec nous, où
mieux avec la vérité (1). »

§ II

Après cette déclaration catégorique, Jérémie
passe en revue quelques-uns des points, sur lesquels
il s'était déjà expliqué dans ses réponses antérieures.
Les protestants ne pouvaient pas l'accuser de se
dérober à la discussion, et de ne pas y mettre de
complaisance. Une dernière fois, il s'attache à
prouver l'existence du libre arbitre par la possibilité
dans laquelle se trouve l'homme, de commettre le
mal que Dieu n'a pas créé et qui a son principe dans
un éloignement volontaire du bien. Si la faute ne
dépendait pas de la volonté, à quoi bon tant de
lois promulguant des peines sévères contre les per-
turbateurs de l'ordre? De plus, l'homme a été fait
à l'image de Dieu, c'est-à-dire, qu'il est prince et
non esclave; car il a reçu la faculté de raisonner,
et il devient semblable à Dieu quand il accomplit les
œuvres d'un vrai chrétien. Même après la chute, il
peut s'éloigner du mal, qui est chose étrangère à la
nature, et accomplir le bien; aussi l'Ecriture ren-
ferme-t-elle de nombreuses exhortations à la vertu,
auxquelles l'homme a la faculté de répondre effica-
cement, avec le secours divin (2).

Quant aux sacrements, à l'invocation des saints

1) *Act. theol. Will.* p. 339, 350.
2) *Ibid.* p. 805.

à la vie monastique, le patriarche répond : « Vous ne pouvez rejeter l'autorité de saint Jean Chrysostome et des autres bienheureux docteurs, qui ont expliqué les Livres saints. Ils étaient remplis de l'Esprit de Dieu, et de nombreux miracles ont attesté leurs vertus, soit avant, soit après leur mort. Nous gardons leurs interprétations, et même l'ancienne Rome les garde avec nous. Où donc puisez-vous l'idée de croire que vous pensez plus juste que ces vrais théologiens, et mieux que l'ancienne et la nouvelle Rome ? Eh bien ! c'est à une source juive ; car, ici, dans cette ville, le mépris pour les saintes images et les reliques a été répandu par les Juifs ; et ce sont encore des Juifs, qui sous prétexte de piété ont semé la discorde dans vos rangs. Pour nous, nous n'avons aucun commerce avec eux, nous gardons les mystères de notre Eglise sans y rien changer, fidèles aux enseignements des successeurs des Apôtres, que nous estimons au-dessus de l'or et des pierres précieuses. Nous invoquons les saints comme des médiateurs capables d'intercéder pour nous, et certes, ce n'est pas en vain. Nous honorons leurs images et leurs reliques, qui ont si souvent rendu la santé aux malades et procuré à tous des grâces spirituelles. Nous confessons nos péchés, selon le précepte de l'Ecriture. Nous aimons la vie monastique, qui est en quelque sorte une vie angélique, et nous recommandons à ceux qui s'y engagent de ne jamais revenir en arrière, s'ils veulent mériter le royaume des cieux. »

C'est le dernier mot du patriarche, sur les questions doctrinales agitées entre lui et les protestants. Comme il savait désormais que ces dicussions n'aboutissaient à rien, il pria les réformés de ne plus le fatiguer de lettres inutiles. « Nous vous demandons, dit-il en terminant, de ne plus nous occasionner de travaux, et de ne plus nous écrire sur ces matières. Car vous honorez seulement en paroles les théolo-

giens qui ont été les lumières de l'Eglise, et en fait
vous méprisez leur autorité ; vous voulez rendre inutiles et faire tomber de nos mains nos propres
armes, c'est-à-dire les saints et divins enseignements
des docteurs, dont nous nous servons pour vous
répondre et pour contredire vos doctrines. Aussi,
pour ce qui vous regarde, épargnez-nous tout souci.
Continuez donc votre route, et si vous voulez nous
écrire, que ce soit par amitié seulement, et non
pour parler de théologie (1). »

Cette mise en congé, sans réplique, était datée du
6 juin 1581, et signée par le patriarche Jérémie et par
le protonotaire Théodose Zygomalas ; elle marque la
fin des relations du chef de l'Eglise grecque avec les
luthériens d'Allemagne. Toutefois ceux-ci tenaient
à avoir le dernier mot ; pour cacher leur défaite, ils
composèrent une troisième réponse, qui peut-être
ne fut pas expédiée à Jérémie, mais que l'on jugeait
capable de donner le change au public. En tout cas,
le patriarche garda le silence ; et quand les luthériens voulurent avoir raison de sa constance par les
promesses, et même par les menaces, dont parle le
moine grec Arsène (2), il ne se laissa pas émouvoir
et garda intact l'honneur de son Eglise.

Irrités d'un échec aussi complet, les protestants ne
ne publièrent qu'avec des corrections de leur marque,
les réfutations que le patriarche leur avait adressées.
Celui-ci le dit explicitement dans sa lettre au pape
Grégoire XIII (juin 1582), où il parle « des hérétiques allemands qui proposaient des choses inad-
missibles, et posaient des questions non pour guérir,
mais pour corrompre ceux dont la foi est intacte...
Quant à nous, ajouta-t-il, nous croyons, nous enseignons par la parole et les écrits, sans aucune ad-

---

(1) *Acta theol. Wittemb.*, l. c., et SCUL. ~TRATE, l. c., p. 246,
249.

(2) Lettre publiée par Allatius, *De Eccl. occid alque
orient. perp. cons.*, l. 3, c., 8, n. 5.

dition. Nous détestons ces hommes et leurs semblables, comme des ennemis du Christ et de l'Eglise
catholique et apostolique (1). »

§ III

Tel est le jugement définitif de Jérémie II, patriarche grec-orthodoxe de Constantinople sur les
protestants, qui avaient espéré une autre issue de leurs
persévérantes négociations. Il faut l'avouer, les luthériens n'avaient pourtant négligé aucune chance
de succès. On les a vu rechercher les bonnes grâces
des familiers de Jérémie ; les rapports de Gerlach et
de Crusius avec Gabriel de Philadelphie, montrent
aussi que toute occasion leur paraissait bonne pour
avancer leurs affaires.

Crusius surtout y déployait un zèle infatigable ;
lorsqu'il eut connu l'archevêque de Philadelphie, par
l'intermédiaire de Gerlach, qui avait assisté à sa consécration dans l'église patriarcale le 18 juillet 1577,
et qui vante ses hautes qualités, il lui écrivit lettres
sur lettres. Cette persévérance de Crusius nous a valu
une nouvelle exposition de la croyance de l'Eglise
grecque sur les sacrements, due à la plume d'un des
prélats les plus renommés chez les orthodoxes.

Gabriel avait étudié à Padoue ; après avoir d'a-
bord exercé le ministère sacerdotal dans l'île de
Crète, et une fois archevêque de Philadelphie, il
s'était rendu à Venise, pour veiller aux intérêts de
l'Eglise grecque dans cette ville ; le petit nombre
des chrétiens de son diocèse lui permit d'y rester
plusieurs années, et d'y jouir, comme il l'écrivait à
son patriarche (2), de la liberté complète que le
gouvernement vénitien accordait aux orthodoxes.
C'est là que les lettres de Crusius venaient le trouver,

(1) Lettre conservée à la Bibliothèque Vaticane, publiée par
Schelstrate, *l. c.*, p. 249-252.
(2) Crusius, *Turco-Græcia*, l. 7, p. 526.

et le presser de questions toujours plus instantes.
Une des réponses qu'il leur fit, mérite d'être rappelée
à cause des principes qu'elle affirme et qui sont ceux
du patriarche. « Sachez, écrit-il à la date du 7 novembre 1582, que nous enseignons la vraie doctrine
conforme aux traditions que les Apôtres ont prêchées.
Nous ne pensons point comme ceux qui emploient
leur temps, et leur activité à inventer des arguties
inutiles et des systèmes sans portée, et qui chaque
jour, ajoutent ou retranchent quelque chose à la
doctrine du Seigneur (1) ».

Après une pareille déclaration, absolument conforme à celles du patriarche Jérémie, il est permis
de voir dans le travail de Gabriel sur les sacrements,
publié à Venise en 1600, une réponse indirecte aux
tentatives des luthériens. Mais comme cet ouvrage
ne leur a pas été adressé directement, ni composé à
leur demande, ce serait sortir de l'histoire des relations des protestants avec les Grecs que de l'analyser
en détail. Il suffira de dire que c'est un exposé large
et complet de la doctrine de l'Eglise orthodoxe sur
chacun des sacrements, où tout contredit les dogmes
nouveaux des réformés. Gabriel y passe en revue
un bien plus grand nombre de questions que ne
l'avait fait le patriarche dans ses trois réponses aux
docteurs de Tubingue. La méthode et les termes
qu'il emploie, sont ceux de l'école ; on croirait y reconnaître l'influence de la Somme théologique de
saint Thomas d'Aquin, que Chytræus avait cons-
constatée chez les Grecs orthodoxes et qu'il regret-
tait si fort. Car ce traité est d'une ordonnance toute
scolastique, soigneusement divisé en huit parties,
l'une générale et sept autres particulières, dans
l'ordre suivant : Le Baptême, la Confirmation, l'Eucharistie, l'Ordre, la Pénitence, le Mariage et l'Extrême Onction.

(1) SCHELSTRATE, l. c., p. 103, 104.

Malgré leur échec auprès du patriarche de Constantinople, les protestants ne pouvaient se décider à abandonner leurs projets, si longtemps caressés. Ils se tournèrent d'un autre côté. Dans une conférence réunie à Vilna (1599), où se trouvaient plusieurs théologiens luthériens, ceux-ci décidèrent d'écrire à Mélétius, patriarche grec d'Alexandrie pour lui proposer de s'unir à eux. Le protestant Hottinger nous a raconté cette nouvelle tentative, qui du reste n'aboutit pas. La réponse de Mélétius, confiée à Cyrille Lucaris, le futur protecteur du protestantisme, ne fut jamais transmise aux destinataires à cause de l'opposition que lui firent les Grecs eux-mêmes. A leurs yeux, les doctrines luthériennes étaient hétérodoxes et ne représentaient aucunement la foi primitive (1).

EPILOGUE

Les conséquences des faits et des déclarations dogmatiques, que l'on vient de lire, s'aperçoivent d'elles-mêmes. Outre la principale, qui est l'évidence d'une opposition foncière, essentielle, entre les doctrines de l'Eglise grecque-orthodoxe et le symbole luthérien, il y en a d'autres sur lesquelles l'intelligence et la loyauté des orthodoxes et des protestants nous interdisent d'insister ; les esprits droits et les cœurs sincères comprennent toujours la leçon des faits, surtout lorsqu'elle est aussi éclatante. Le protestantisme ne ressemble en rien à l'orthodoxie grecque ; leurs principes et l'esprit qui les anime sont diamétralement opposés ; tandis que Constan-

(1) *Hottinger*, cité par Schelstrate, *l. c.*, p. 102-103. — Thivier, *Un patriarche de Constantinople au* xviiᵉ *siècle, Cyrille Lucaris*, p. 45.

tinople garde fidèlement la plupart des dogmes traditionnels et des pratiques anciennes, la Réforme ruine les uns et les autres par des nouveautés, et des maximes contraires à la foi chrétienne. Aussi l'union entre deux religions tellement différentes ne put s'effectuer ; les docteurs luthériens avaient compté sans le bon sens des Grecs et poursuivi une chimère.

Pourtant ce ne fut pas la fin des relations des protestants avec le monde grec orthodoxe. La pensée de trouver une confirmation de leurs doctrines chez les Orientaux, malgré une évidente impossibilité, et le désir de faire des prosélytes, n'ont point quitté les réformés. Le séjour et les voyages de plusieurs orthodoxes en Occident favorisaient leurs desseins ; et bientôt ce ne sont plus les luthériens qui cherchent des alliés parmi les grecs, mais encore les calvinistes, et les anglicans qui entrent en scène pour leur propre compte.

Le dix-septième siècle vit, en France, la grande controverse sur la croyance des églises séparées, à la présence réelle de Notre-Seigneur dans l'Eucharistie. Les protestants français avaient voulu appuyer leurs négations sur le sentiment des orientaux ; mais ceux-ci répondirent par des attestations explicites en faveur de leur foi au sacrement, qui sont encore conservées dans plusieurs bibliothèques publiques.

On connaît la querelle retentissante qui agita l'Église grecque-orthodoxe, lorsque le fameux Cyrille Lucaris, patriarche de Constantinople, voulut introduire dans son sein les doctrines protestantes. Cette tentative fut solennellement condamnée dans plusieurs conciles d'orthodoxes, à Constantinople, à Jassy et à Jérusalem, où l'on rédigea des professions de foi contraires à celle du patriarche novateur.

De leur côté, les Anglicans n'étaient pas sans prétentions sur l'Orient orthodoxe où ils essayèrent, eux aussi, d'introduire leurs idées religieuses. Dans ce but, ils établirent à Oxford un collège destiné à recevoir de jeunes Grecs, qu'on renverrait ensuite dans leur pays pour y servir d'apôtres de la Réforme, et entretinrent des relations avec Cyrille Lucaris. Au dix-huitième siècle, ils cherchèrent même à gagner la Russie ; c'est à cette fin que l'on traduisit en Anglais le catéchisme du czar Pierre le Grand, dans lequel le rédacteur, Procopowitch, avait introduit des théories protestantes. De nos jours encore (1899), les Anglicans ont tenté de s'unir à l'Eglise grecque, et une correspondance, rapportée dans le journal officiel du Phanar, s'est établie entre le patriarche de Constantinople et l'archevêque anglican de Cantorbéry ; comme les autres, cet essai de réunion a échoué.

Le protestantisme, quelle que soit sa forme, ne s'accorde avec aucune des églises orientales orthodoxes. L'Eglise grecque, en particulier, lui opposera toujours les lettres si lumineuses et si décisives du patriarche Jérémie aux théologiens de Tubingue. Toute tentative d'union entre deux doctrines si disparates est condamnée d'avance à l'avortement, comme celle dont nous avons retracé l'histoire à grands traits. Un grec-orthodoxe ne sera jamais, sans renier sa foi, un vrai luthérien.

FIN

TABLE DES MATIÈRES

Imprimerie BUSSIÈRE. — Saint-Amand (Cher).